Für die Weg-Gruppe in Neusustrum –
danke für das gemeinsame Unterwegs-Sein!

ANDREA SCHWARZ
ULRIKE DIEKMANN cps

DAS
Leben
ENT-DECKEN

Ein Osterputz für die Seele
Exerzitien im Alltag

Patmos Verlag

EIN PAAR WORTE VORWEG ...

Lieber Leser, liebe Leserin,
im Frühjahr, wenn die Sonne wieder mehr Kraft bekommt und durch die Fenster hereinscheint, ist „Hausputz" angesagt – der ganze Staub und Schmutz des Winters muss raus.

Auch im Leben von uns Menschen, und in unserer Seele, können sich manchmal Dinge ansammeln, die da eigentlich gar nicht hingehören. Deshalb ist es gut, dass es die Fastenzeit gibt. Sie lädt dazu ein, dass wir in uns „aufräumen" und „sauber machen", damit wir Ostern gut vorbereitet feiern können.

Viele Menschen nehmen sich etwas vor, was ihnen dabei helfen soll: Manche verzichten auf Alkohol oder Süßigkeiten, andere lassen das Auto stehen oder vermeiden Plastikverpackungen. Und einige gestalten diese Wochen als eine „spirituelle Auszeit" und machen sich zum Beispiel mit „Exerzitien im Alltag" auf einen Weg, um neu das Leben zu ent-decken.

Dazu möchten wir Sie mit diesem Buch einladen. Die Idee ist einfach: sich jeden Tag ein paar Minuten Zeit nehmen, aus dem Alltag aussteigen und dem Leben nachspüren. Und sich dadurch auf Ostern vorbereiten, sozusagen ein „Osterputz für die Seele".

Bei den Texten scheint es auf den ersten Blick gar nicht unbedingt um Ostern zu gehen. Oder vielleicht doch? Der Sinn der Fastenzeit erschließt sich erst, wenn wir von Ostern her schauen (deshalb heißt sie eigentlich „Österliche Bußzeit"): Ostern ist das höchste Fest der

Christen. Jesus ist durch den Tod gegangen, um uns ins Leben vorauszugehen. Mit seiner Auferstehung feiern wir den Sieg des Lebens über den Tod. Und in den sieben Wochen davor sind wir eingeladen, das einzuüben. Man könnte auch sagen, die Fastenzeit ist so eine Art „Trainingslager für das Leben". Es geht nicht um ein Verzichten um des Verzichtens willen, sondern darum, lebendiger zu werden. Und wenn ich für einen Moment am Tag innehalte, Gott in mein Leben bewusst hereinhole, vielleicht neu ins Fragen komme, aus dem Alltagstrott aussteige, dann werde ich wacher, hellhöriger, aufmerksamer – lebendiger eben.

Sicher: Es geht auch um ein „Loslassen", darum, etwas „anders" zu machen. Die Impulse dieses Buches haben für die Werktage jeweils ein Verb als Überschrift, das mit „ent-" anfängt: ent-larven, ent-täuschen usw. Die Vorsilbe „ent-" bedeutet in der Regel: etwas wegnehmen oder sich von etwas trennen. Man nimmt die Maske weg, man lässt eine (Selbst-)Täuschung los. Und Fastenzeit könnte heißen: all das zu lassen, was uns vom Leben – und damit von Gott – trennt. Und das muss nicht unbedingt das Stück Schokolade sein.

Am Ende steht: „ent-decken" – da ist etwas schon längst da, wir sehen es aber nicht, weil so etwas wie eine „Decke" darüber liegt. Vielleicht gilt das auch für Ostern? Die Einladung zum Leben, allen Toden zum Trotz, ist ausgesprochen, aber wir nehmen sie, aus welchen Gründen auch immer, oft nicht richtig wahr. Haben Sie Lust, mit uns diese „Decke" ein wenig hochzuheben, auf eine Ent-deckertour in Richtung „Leben" zu gehen? Wir wären dabei!

PS: Wenn Sie daran interessiert sind, diese Wochen intensiver zu gestalten, dann wäre es gut, wenn Sie zuerst einen Blick in die Hinweise „Zu den Impulsen – ganz praktisch" (S. 8–10) werfen. Das könnte Ihnen dabei helfen, einen entsprechenden Rahmen, eine Struktur für Ihren Weg durch die Fastenzeit zu finden. Natürlich können Sie solch einen Weg auch in den Sommerferien oder während der Zeit in der Reha gehen. Denn dass das Leben den Tod besiegt, ist ja zum Glück eine Erfahrung, die nicht auf einen Tag im Jahr und ein bestimmtes Datum begrenzt ist. Ostern will in mir geschehen – und das kann manchmal auch mitten im November sein.

Und falls „intensiv" bei Ihnen, aus welchen Gründen auch immer, grad nicht angesagt ist, dann picken Sie sich einfach das heraus, was jetzt für Sie passt.

INHALT

ZU DEN IMPULSEN — GANZ PRAKTISCH

Auf den folgenden Seiten finden Sie 25 Impulse auf dem Weg zu Ostern, davon 17 für die Werktage bis zum Palmsonntag. Diese Impulse sind immer für zwei Tage gedacht. Deshalb ist es auch nicht so tragisch, wenn Sie an einem Tag mal nicht zum Lesen kommen. Außerdem gibt es Impulse zu den Sonntagen in der Fastenzeit sowie für Karfreitag und Ostern. Ansonsten ist die Karwoche „impulsfrei", weil man da oft noch genug für die Feiertage vorzubereiten hat. Die Texte für die Werktage haben jeweils ein Verb als Überschrift, das mit „ent-" beginnt. Diese Vorsilbe bedeutet in der deutschen Sprache in der Regel etwas wegzunehmen oder sich von etwas zu trennen. „Entkleiden" oder „enttarnen" sind zum Beispiel solche Wörter: Man nimmt die Kleidung oder die Tarnung weg. Und falls Sie mögen, können Sie ja schon mal überlegen, welche Verben mit „ent-" Ihnen noch einfallen.

Diese Impulse haben alle einen Vorschlag für eine Aktivität, mit der Sie die Idee nochmals aufgreifen oder vertiefen können.

Gut wäre es, wenn Sie sich für den Impuls einen festen Ort suchen könnten und eine bestimmte Zeit. Denn das „Gleichbleibende" kann dabei helfen, sich zu konzentrieren und sich dadurch auf Neues einzulassen. Das kann die Ecke im Schlafzimmer sein, mit Blick auf den Baum vor dem Fenster, für manche ist es der Frühstückstisch, für andere der Schreibtisch.

Schön wäre es, wenn Sie den Platz für die Zeit ein wenig gestalten könnten – eine Kerze, vielleicht eine Blume, ein kleines Kreuz oder etwas, was Ihnen wichtig ist. Vielleicht legen Sie sich Zettel und Stift zurecht, falls Sie etwas notieren möchten und nicht direkt in das Buch schreiben wollen. Hilfreich wäre es, wenn Sie Störungen von außen „abschalten" könnten.

Gedacht sind die Impulse eher für den Tagesbeginn, aber natürlich kann man den Impuls auch am Abend lesen, dann nehmen Sie einfach die entsprechenden Anregungen in den folgenden Tag mit. Kann sein, dass die Samstage und Sonntag ein wenig Aufmerksamkeit von Ihrer Seite her brauchen, was den Zeitpunkt angeht, weil man da oft einen anderen Tagesrhythmus hat. Hinweise zur Umsetzung finden Sie auch am Ende des Buches (S. 115–127: „Gebrauchsanweisung"). Der Impuls ist dabei nichts, was man regelrecht „durcharbeiten" muss, sondern er will Einladung sein, sich von etwas berühren zu lassen. Manchmal geschieht das vielleicht schon im ersten Absatz, dann wieder mag ein Impuls gar nichts in einem auslösen. Das alles darf so sein. Da, wo Sie „hängen bleiben", bleiben Sie eben „hängen". Und falls Sie an einem Impuls gar nichts anspricht, dann schauen Sie einfach nochmal in den früheren Impulsen nach ... vielleicht war da etwas, was noch nachklingt – oder wozu Sie nicht gekommen sind. Beim zweiten Mal liest man den gleichen Text oft anders – und entdeckt eventuell auch anderes. Stress und Leistungsdruck sind nicht gefragt, sondern es ist ein Weg. Und da geht man manchmal die Wegstrecke, die man sich vorgenommen hatte, dann wieder bleibt man irgendwo länger, weil es einem dort grad gefällt – und lässt dafür anderes links liegen. Die Gedanken und Impulse laufen Ihnen ja nicht weg, sondern die können Sie immer nochmal später nachlesen. Andererseits wäre eine gewisse Regelmäßigkeit auch ganz hilfreich für einen guten Weg. Aber wir sind uns sicher: Sie werden eine gute Art und Weise finden, wie Sie am besten mit den Impulsen umgehen – nämlich Ihre Art und Weise!

Die Impulse für den 1. und 2. Fastensonntag beziehen sich auf die biblischen Themen, die in der katholischen Kirche in jedem Jahr an diesen Tagen als Evangelienlesung für den Gottesdienst vorgesehen sind: die Versuchung Jesu in der Wüste und die Verklärung Jesu. Für den 3. bis 5. Fastensonntag wechseln die gottesdienstlichen Lesungen in dem dreijährigen Zyklus A, B und C. Die Impulse des Buches zum 3., 4. und 5. Fastensonntag beziehen sich auf die Bibeltexte nach dem Lesejahr B, für das sie ursprünglich geschrieben wurden. Entsprechende Predigten oder Meditationen zu den Bibeltexten der Lesejahre A und C lassen sich gegebenenfalls leicht im Internet finden.

ASCHERMITTWOCH ENT-LARVEN

Der Aschermittwoch entlarvt – im wahrsten Sinn des Wortes: Man nimmt die Masken und Larven ab. An den Tagen vorher hat man Fastnacht und Karneval gefeiert, je nach Region und Temperament mehr oder weniger ausgelassen. Viele haben sich verkleidet, haben Masken getragen. Und aus manchen Spielfilmen kennt man vielleicht die

spannende Szene am Ende eines Maskenballs, wenn die Gäste dazu aufgefordert werden, ihre Gesichtsmasken abzunehmen – und die Überraschung, wer sich manchmal dahinter verbirgt.

„Larve" ist ein altes Wort für eine Gesichtsmaske. Es kommt von dem lateinischen „larva", das auch für „böser Geist, Gespenst" steht – vielleicht weil beide etwas verstecken wollen? Heute wird es eher im übertragenen Sinn gebraucht, wenn man zum Beispiel einen Verbrecher „entlarvt".

Während der Corona-Monate haben wir alle unsere Erfahrungen mit Masken gemacht. Sie können schützen, aber sie behindern auch das freie Atmen, das Sprechen, die Mimik als Ausdruck der Verständigung. Und die Brille beschlägt. Manchmal aber tragen wir auch unsichtbare Masken:

Bitte höre, was ich nicht sage! Lass dich nicht durch das Gesicht täuschen, das ich mache. Denn ich trage tausend Masken – Masken, die ich fürchte abzulegen. Und keine davon bin ich. So tun als ob ist eine Kunst, die mir zur zweiten Natur wurde. ... Ich erfinde verzweifelt Masken, hinter denen ich mich verbergen kann: eine lässige, kluge Fassade, die mir hilft, etwas vorzutäuschen, die mich vor dem wissenden Blick sichert, der mich erkennen würde. Dabei wäre dieser Blick gerade meine Rettung. Und ich weiß es. Wenn er verbunden wäre mit Angenommenwerden, mit Liebe. Das ist das Einzige, das mir die Sicherheit geben würde, die ich mir selbst nicht geben kann: dass ich wirklich etwas wert bin ... Wer ich bin, magst du fragen? Ich bin jemand, den du sehr gut kennst. Denn ich bin jedermann, den du triffst, jeder Mann und jede Frau, die dir begegnen.

BRIEF EINES UNBEKANNTEN STUDENTEN

Der Aschermittwoch entlarvt. Man nimmt die Maske ab. Die Zeit, sich zu verkleiden, irgendwelche Rollen zu spielen, ist vorbei. Aus dem Spiel wird Ernst. Jetzt bin ich gefragt. Jetzt geht es nicht mehr darum, sich und anderen etwas vorzugaukeln, sondern sich der Wirklichkeit des Lebens zu stellen.

Der Aschermittwoch ist kein trauriger, aber ein ernster Tag. Er kann uns für eine Wahrheit öffnen, vor der viele Menschen Angst haben. Es ist die Wahrheit, dass unser Leben ein wachsendes Leben ist. Alles, was wächst, was zur Reife drängt, erlebt auch einen Herbst und einen Winter. „Bedenke, Mensch, dass du Staub bist und wieder zum Staub zurückkehren wirst." Das ist die Wahrheit des wachsenden Lebens. Eine Wahrheit kann ernst machen und wesentlich, aber niemals traurig.

JOSEF KRASENBRINK

Aschermittwoch ist die Einladung zu einem Weg. Das ist die Einladung, meine Masken abzulegen, damit ich wieder frei atmen und aufrecht stehen kann.

IDEE: Nehmen Sie sich ein Blatt Papier und malen Sie Ihre Maske. Welche Form hat sie, was verdeckt sie? Welche Farbe hat sie? Und was steht möglicherweise darauf? Was mögen Sie an der Maske – und woran hindert sie Sie?
Oder tackern Sie eine Ihrer alten Stoff- oder FFP2-Masken, die Sie nicht mehr brauchen, auf ein Blatt Papier und schreiben Sie drum herum, was Ihnen dazu einfällt.
Am Aschermittwoch wird traditionell den Gläubigen das Aschekreuz auf die Stirn gezeichnet mit den Worten „Bedenke Mensch,

dass du Staub bist und zum Staub zurück-kehrst" oder „Bekehrt euch und glaubt an das Evangelium" – als Einladung zur Umkehr und um sich dessen neu zu vergewissern, was zum Leben hilft. Während der Corona-Zeiten war dieses Zeichen nicht mög-lich, stattdessen wurde empfohlen, dass der Leiter, die Leiterin des Gottesdienstes den Gläubigen etwas Asche über den Kopf streut. Zugegeben, manche mochten das nicht ... aber es ist tatsächlich das älteste Zeichen der Buße.

Vielleicht mögen Sie über Ihre (gezeichne-te) Maske ein schwarzes Kreuz malen ... als Zeichen der Umkehr, des Neuanfangs? Und welche Gedanken gehen Ihnen dabei durch den Kopf?

Es wäre schön, wenn Sie die Maske und Ihre Zeichnung aufheben könnten – beim Impuls 17 können Sie sie nochmal brauchen!

PS. Übrigens, die krabbelnden Larven, die Sie demnächst wieder im Garten finden, werden erst seit dem 18. Jahrhundert so bezeichnet – und sie heißen so, weil man in diesem frühen Entwicklungsstadium noch nicht erkennen kann, wie das Insekt später aussehen wird, sie haben sich sozusagen „maskiert".

ENT-ZIEHEN

EINE ERSTE IDEE – diesmal schon zum
Beginn: Sie sehen hier ein kleines Strichmännchen (wie nennt man das denn jetzt
in der weiblichen und diversen Form?) mit
vielen Pfeilen drumherum. Vielleicht ist das
unsere Alltagssituation: Alle „ziehen" an
einem rum und wollen was. Der Chef will

unbedingt jetzt die und die Vorlage, den Kindern ist langweilig, der Kühlschrank ist leer, der Hund muss Gassi – und dann erinnert einen die Zahnarzthelferin noch an den Vorsorgetermin.

Malen Sie doch einmal Ihr ganz persönliches Strichmännchen. Überlegen Sie einen Moment, wer oder was an Ihnen zieht, etwas von Ihnen will – und schreiben Sie es zusammen mit einem Pfeil dazu.

Mein eigenes Strichmännchen

Das muss nicht abschließend und vollständig sein, Sie können das durchaus in den nächsten Tagen noch ergänzen.

Die spannende Frage ist jetzt, wie gehe ich mit all dem um, was da an mir zieht. Denn – und auch das wird ja bei der Zeichnung schnell deutlich – der/das eine will mich nach rechts ziehen, die/das andere nach links. Der Chef hat durchaus andere Vorstellungen, was ich tun soll, als meine Kinder (falls die sich zur Abwechslung überhaupt mal einig sind). Das schöne Wetter lockt zum Spazierengehen, aber die Wäsche muss noch gebügelt werden. Die Eltern warten auf einen Besuch, aber der Partner, die Partnerin möchte am Wochenende lieber zu Freunden.

Manchmal verliert man vor lauter Alltag, in all dem Termindruck, in all den Erwartungen das aus dem Blick, was eigentlich wichtig und wesentlich ist. Deshalb:

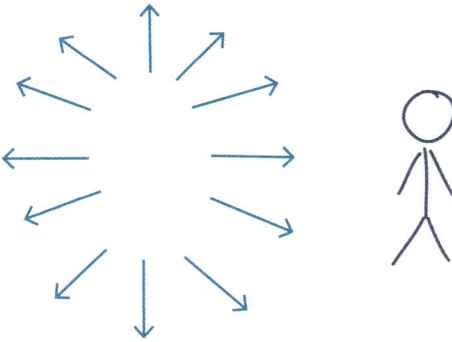

Es ist viel klüger, du entziehst dich von Zeit zu Zeit deinen Beschäftigungen, als dass sie dich ziehen und dich nach und nach an einen Punkt führen, an dem du nicht landen willst.
BERNHARD VON CLAIRVAUX, *Kirchenlehrer (1090–1153) in einem Brief an Papst Eugen III.*

Entziehen: Man macht einen Schritt zur Seite, verlässt das Hamsterrad, steigt aus dem ganzen Trubel einmal aus. Und da hätten wir durchaus ein prominentes Vorbild:

In aller Frühe, als es noch dunkel war, stand Jesus auf und ging an einen einsamen Ort, um zu beten.

DIE BIBEL, *Markusevangelium, Kap. 1, Vers 35*

Wenn für Sie diese „Ent-deckertour" mehr ist, als nur nette Impulse zu lesen, sondern Sie sich wirklich auf einen geistlichen Weg begeben, dann machen Sie eigentlich genau das: Sie entziehen sich für eine gewisse Zeit den Routinen und Anforderungen des Alltags. Früher hat der Sonntag diese Funktion übernommen – das war der Tag, der anders war und eine geniale Erfindung Gottes. Heute müssen wir uns neu solche Zeiten und Orte suchen.

Das bietet die Chance, sich des eigenen Standortes zu vergewissern, sich neu auszurichten, zu überlegen: Wie will ich leben? Zugegeben: Das kann manchmal etwas anstrengend sein, vielleicht ein wenig aufregend – aber auf jeden Fall lebendig!
Deshalb die zweite Idee:

Ja, wie wollen Sie eigentlich leben? Können Sie in einem Satz sagen, was Ihnen für Ihr Leben wichtig ist, was Ihr Lebensmotto ist?

Grundsätzlich gilt: Rückzug erlaubt! Kein Strauch blüht 365 Tage im Jahr, kein Baum trägt ununterbrochen Frucht – auch in der Natur zieht sich die Kraft des Lebens während der dunklen Monate in die Wurzeln zurück, um sich zu sammeln und zu regenerieren, um dann im Frühjahr fast explosionsartig wieder hervorzubrechen und sich in tausendfacher Hingabe zu verschwenden.

Nichts bringt uns auf unserem Weg besser voran als eine Pause.
ELIZABETH BARRETT BROWNING, *englische Dichterin (1806–1861)*

1. FASTENSONNTAG

Jesus blieb vierzig Tage in der Wüste und wurde vom Satan in Versuchung geführt.
DIE BIBEL, *Markusevangelium, Kap. 1, Vers 13a*

Mit dem Satan oder dem Teufel können die meisten Menschen heute nicht mehr so besonders viel anfangen. Und manche Versuche, ihn bildhaft darzustellen, mögen ihren Teil dazu beigetragen haben: ein behaarter, schwarzer Körper mit Pferdefüßen und Widderhörnern. So etwas gibt es nicht, denken viele – und dann kann es eben auch den Teufel nicht geben.

Was aber, wenn man sich den Teufel nicht als Person oder Gestalt vorstellt, sondern als „Mächte" oder „Kräfte des Bösen"? Und die gibt es ja nun tatsächlich. Von ihnen wurde nicht nur Jesus in Versuchung geführt, sondern auch wir Menschen geben oft solchen Kräften nach und wenden uns vom Leben und dem Guten ab.

... und die Engel dienten ihm. (Vers 13,b)

Die „Mächte des Bösen" aber haben Gegenspieler – die Mächte des Guten. Dietrich Bonhoeffer (evangelischer Pastor und NS-Widerstandskämpfer, 1906–1945) beschreibt sie in einem Brief aus der Gefängniszelle so:

Von guten Mächten wunderbar geborgen, erwarten wir getrost, was kommen mag. Gott ist bei uns am Abend und am Morgen und ganz gewiss an jedem neuen Tag.

Diese „guten Mächte" bezeichnen die Menschen als „Engel" – und auch hier führen die bildhaften Darstellungen von Gestalten mit überdimensionalen Flügeln oder als nette kleine Barockputten wohl eher in die Irre, als dass sie wirklich weiterhelfen.

Wichtig könnte es möglicherweise sein, den „bösen Mächten" zu widerstehen und sich den „guten Mächten" anzuvertrauen. Und da sind wir bei der Taufe – und der Tauferneuerung in der Osternacht! Wir können dem Satan und dem Bösen widersagen, weil wir uns mit den guten Kräften des Lebens und mit Gott verbünden. Es braucht beides, um ein Profil zu haben:

Ich sage zu etwas „nein" (= ich widersage) und zu etwas anderem „ja" (= ich glaube). Allein nur Ja sagen oder nur Nein sagen hilft nicht weiter. Offiziell sind übrigens zwei verschiedene Textversionen des ersten Teils der Tauferneuerung möglich: „Widersagt ihr dem Satan? Und all seiner Bosheit? Und all seinen Verlockungen?" oder „Widersagt ihr dem Bösen, um in der Freiheit der Kinder Gottes leben zu können? Widersagt ihr den Verlockungen des Bösen, damit es nicht Macht über euch gewinnt? Widersagt ihr dem Satan, dem Urheber des Bösen?" In der zweiten Form wird deutlich, dass es nicht um ein Nein-Sagen um des Nein-Sagen willens geht, sondern auch um ein „wozu". Es geht darum, in Freiheit leben zu können! Das ist es, was Gott für uns Menschen will. Deshalb wurde das Volk Israel aus der Sklaverei in Ägypten herausgeführt – deshalb heilt Jesus Kranke, treibt Dämonen (also böse Geister!) aus und besiegt schließlich sogar die stärkste dunkle Macht, die des Todes, durch seine Auferstehung.

Die verschiedenen Erzählungen von der Versuchung Jesu sind in allen drei Lesejahren in der katholischen Kirche für den 1. Fastensonntag vorgesehen – fast wie eine Ouvertüre für die kommenden Wochen bis Ostern. Den bösen Mächten eine Absage erteilen – und sich von den guten begleiten und bergen lassen ...

Ein alter weiser Mann sagte zu seinem Enkel: „In uns wohnen zwei Geister, ein guter und ein böser Geist." – „Wer wird siegen?", fragte der Enkel. Da antwortete der Alte: „Der Geist, den du fütterst."
WEISHEIT DER NATIVEN AMERIKANER

ENT-TÄUSCHEN

Erinnern Sie sich noch an die Schriftstelle im vorletzten Impuls?

In aller Frühe, als es noch dunkel war, stand Jesus auf und ging an einen einsamen Ort, um zu beten.

Der Text geht weiter:

Simon und seine Begleiter eilten ihm nach, und als sie ihn fanden, sagten sie zu ihm: Alle suchen dich. Er antwortete: Lasst uns anderswohin gehen.
DIE BIBEL, *Markusevangelium, Kap. 1, Verse 35–38*

Wer sich Erwartungen entzieht, muss damit rechnen, dass er andere enttäuscht. Das Wort ist in der Regel nicht so besonders positiv besetzt, man mag es nicht, enttäuscht zu werden – und enttäuscht auch ungern andere. Aber wenn ich jemanden enttäusche, nehme ich ihm lediglich die Täuschungen weg, denen er oder sie aufgesessen ist. Man könnte sagen, dass jede Enttäuschung ein Realitätsgewinn ist, der mich der Wirklichkeit näher bringt.
Jesus hat oft genug den Erwartungen der Menschen nicht entsprochen. Und man könnte ganz provozierend sagen: Auch Gott muss mich enttäuschen. Er/sie/es nimmt mir meine Vorstellungen, meine falschen Bilder weg. Ich wüsste so gerne, wo ich Gott finden kann, wie Gott ist, was ich tun muss, um mit ihm in Kontakt zu kommen. Aber Gott ent-zieht sich all meinem „Ziehen", all meinen Bemühungen, ihn festzuschreiben. Er ist immer wieder der „ganz überraschend Andere".
Es scheint eine Wesenseigenschaft Gottes zu sein, unbegreiflich zu sein. Und das ist gut so. Könnte ich Gott begreifen, würde er in mein Denken hineinpassen, das heißt aber, er wäre kleiner als mein Denken. Und das kann es ja wohl nicht sein. Wenn er aber größer ist als mein Denken, dann wird er immer mein Begreifen „übersteigen".

Wenn du denkst, du hättest Gott begriffen, dann war es nicht Gott.
AUGUSTINUS, *Kirchenlehrer (354–430 n. Chr).*

Wir Menschen sind versucht, uns ein Bild von Gott zu machen ... jedes Bild aber grenzt ein – und ein „begrenzter Gott" wäre ein Widerspruch in sich. Das Gebot „du sollst dir von Gott kein Bild machen" aus dem Alten Testament macht schon Sinn. Und deshalb sind Aussagen darüber, wer/wie/was Gott ist, was er will, denkt oder tut, „belohnt" oder „bestraft", wohl eher mit Skepsis zu hören.

Aber wenn ein Bild nicht passt, dann vielleicht mehrere? Und ganz andere?

Wo Gott wohnt

Die Wegweiser:
Ein Schweigen das wartet
Ein Warten das ausschaut
Ein Schauen das Stimme bekommt
Eine Stimme die fragt
Oder auch:
Das Lachen eines vergesslichen Engels

Die Wege:
Der nachdenkliche Heimweg des Arbeiters
Der zaudernde Umweg des Eilenden
Der langsame Fußweg des Träumers
Der tanzende Weg der Liebenden
Oder auch:
Eine herrenlose Himmelsleiter

Die Orte:
Das Sternennest im Winterhimmel
Die Vogelinsel hinter dem Meereshorizont
Die Geborgenheit eines Kinderschlafs
Das Einverständnis eines Sterbenden
Oder auch:
Eine nicht dazu vorgesehene Montagsstunde

JOOP ROELAND, *niederländischer Seelsorger*
und Schriftsteller in Wien (1931–2010)

Wenn Sie mögen, dann fügen Sie doch den Bildern in dem Text von Joop Roeland Ihre eigenen Bilder hinzu – was sind für Sie Wegweiser und Wege zu Gott? Und welche Gott-Orte fallen Ihnen ein?

ENT-RÜMPELN

Ach, welch schönes Wort! Dem müssen wir aber erst noch einmal genauer nachspüren!
Klar ist, es geht um Gerümpel, das man loswerden will. Das Wort kommt von „rumpeln" und ist ein „lautnachahmendes Verb" – wenn es „rumpelt", dann poltert und lärmt was. In die Wortfamilie gehört auch der „Rummel", zum Beispiel als Bezeichnung für Jahrmarkt

(= Lärm, Betrieb, Durcheinander) und „überrumpeln" (= mit Getöse über etwas herfallen). Als „Gerümpel" bezeichnete man „rumpelnd wackelnden oder zusammenbrechenden Hausrat". Mit der Zeit wurde es dann ganz allgemein für „unbrauchbares Zeug" verwendet. Und wir finden das Wort noch in der „Rumpelkammer" und auch im „Rumpelstilzchen", der bekannten Märchenfigur, als „rumpelnder Kobold, Poltergeist". Das Verb „entrümpeln" entstand tatsächlich erst im 20. Jahrhundert – früher war wahrscheinlich nichts wirklich unbrauchbar, man hat aus allem noch etwas gemacht. Unsere Wegwerf- und Einweg-Verpackungs-Gesellschaft ist doch relativ neu.

„Rumpelnd wackelnder oder zusammenbrechender Hausrat" – okay, da kann einem im Kontext unserer Gesellschaft und unserer Kirchen natürlich schon das ein oder andere einfallen, was man entrümpeln könnte. Aber das wäre ein anderes Thema.

Spannender dagegen wäre vielleicht die Frage, was in meinem Leben und meinem Glauben dringend zu entrümpeln wäre. Es könnte gut sein, dass wir da auch einiges mit uns rumschleppen, das eigentlich nicht wirklich beim Leben hilft.

Davon erzählt eine alte Geschichte:

Ein Guru hatte Jünger, mit denen er täglich eine Abendmeditation hielt. Eines Tages läuft die Hauskatze in den Raum und stört. Darauf ordnete der Guru an, dass die Katze um diese Zeit draußen angebunden werden sollte.
So machte man es, und man konnte ungestört meditieren.

Die Zeit verging. Der Guru starb. Sein Nachfolger hielt sich streng an die Tradition, dass während der Abendmeditation eine Katze angebunden sein muss.

Die Zeit verging weiter. Auch die Katze starb. Es wurde eine neue Katze angeschafft, um sie während der Abendmeditation draußen anbinden zu können. Die einfachen Leute konnten das nicht verstehen und lachten sogar, genauso wie Sie, die Sie das jetzt lesen. Daraufhin traten Theologen auf den Plan und schrieben ein zweibändiges Werk mit so vielen Fußnoten, dass sie immer ein oder zwei Drittel der Seite umfassten. Das Werk trug den Titel: „Die Heilsnotwendigkeit einer während der Abendmeditation angebundenen Katze unter besonderer Berücksichtigung der modernen Naturwissenschaften“.

Allmählich kam aber die Abendmeditation selbst ganz aus der Übung. Doch mit der allergrößten Treue wurde weiterhin abends während der früher für die Meditation vorgesehenen Zeit draußen eine Katze angebunden.

(QUELLE UNBEKANNT)

Zu dieser Geschichte passt ganz wunderschön der Satz: „Das haben wir aber schon immer so gemacht!“, oder in der anderen Version: „Das haben wir aber noch nie so gemacht!“

Aber wenn Maria irgendwie so etwas in der Richtung damals dem Erzengel Gabriel geantwortet hätte, so hätte sie zwar durchaus recht gehabt, aber Jesus wäre dann wohl kaum zur Welt gekommen.

Vieles tragen wir, manchmal auch unbewusst, einfach immer weiter mit. Es scheint so selbstverständlich zu sein und wird nicht mehr hinterfragt. Und das gilt für so manche angebliche Lebensweisheit, aber auch für unseren Glauben. Dann wird aber auch alles so bleiben, wie es immer war.

„Wieso weshalb warum? Wer nicht fragt, bleibt dumm!" – es lohnt sich, diese Aufforderung aus dem Titellied der „Sesamstraße" häufiger mal im Alltag umzusetzen. Berater wissen, dass Fragen durchaus Suchprozesse auslösen können – und (manchmal vorschnelle) Antworten einen solchen Prozess wiederum stoppen. Und wer schon auf alles eine Antwort hat, ist wahrscheinlich sowieso fertig mit sich und der Welt.

Ach, übrigens: Manches im eigenen Leben und Glauben muss man eventuell nicht gleich „entrümpeln", gelegentlich hilft auch schon „entstauben"! Aber auch hier gilt:

Man staubt Papierblumen ab, wo man Rosen züchten könnte.
HANS KÜNG, *Theologe (1928–2021)*

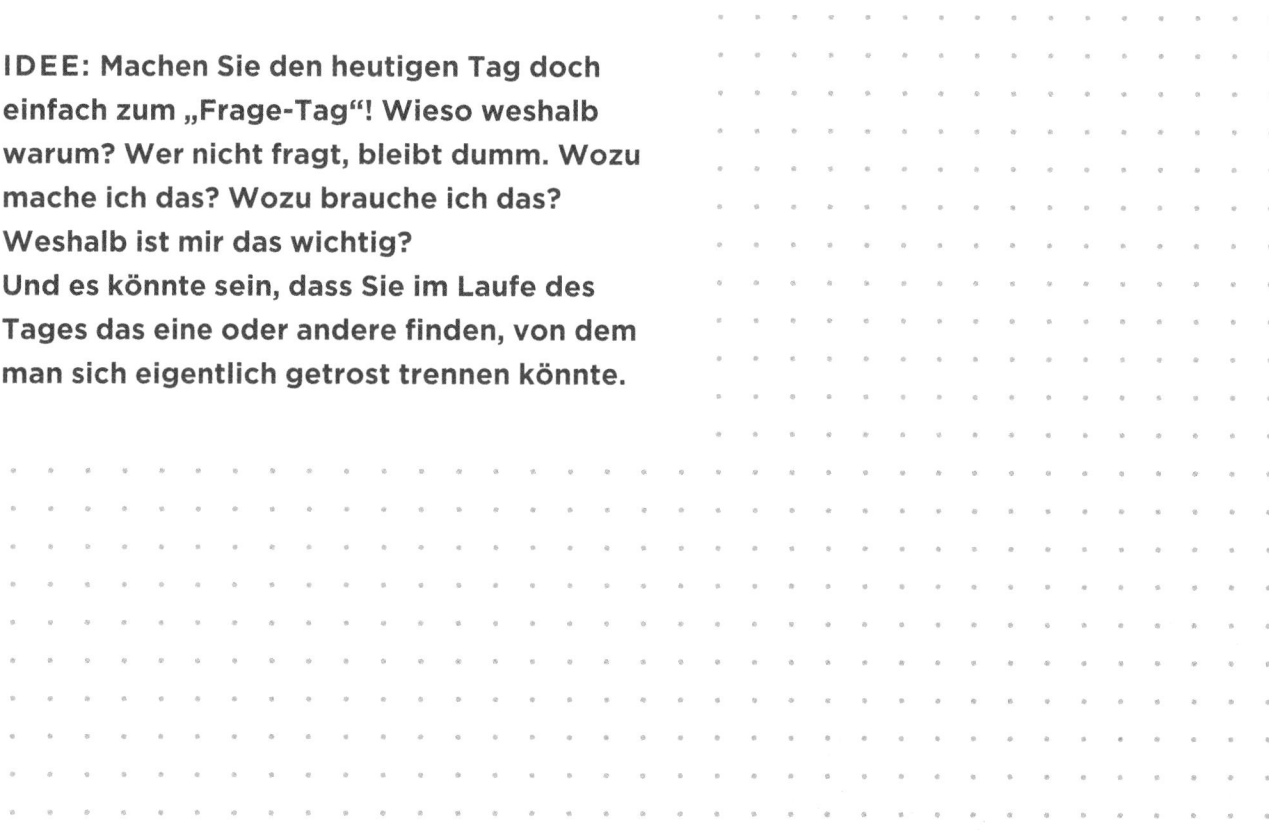

IDEE: Machen Sie den heutigen Tag doch einfach zum „Frage-Tag"! Wieso weshalb warum? Wer nicht fragt, bleibt dumm. Wozu mache ich das? Wozu brauche ich das? Weshalb ist mir das wichtig?
Und es könnte sein, dass Sie im Laufe des Tages das eine oder andere finden, von dem man sich eigentlich getrost trennen könnte.

ENT-SORGEN

Sorgt euch also nicht um morgen; denn der morgige Tag wird für sich selbst sorgen.
DIE BIBEL, *Matthäusevangelium, Kap. 6, Vers 34*

An dieser Schriftstelle werden sehr schön die beiden Bedeutungen des Wortes „sorgen" deutlich – ich mache mir Sorgen und Gedanken *um* etwas, das ist das eine. Aber man kann auch *für* etwas „sorgen", sich für etwas einsetzen, indem man sich um etwas bemüht. Wer für etwas sorgt, braucht sich nicht zu sorgen.

Das Wort „entsorgen" kennen wir vor allem im Zusammenhang mit der Abfallwirtschaft: Müll wird entsorgt und eben nicht einfach nur weggeworfen. Wir geben ihn an jemanden, der sich darum „sorg-fältig" kümmert. Und haben dann eine Sorge weniger.

Entsorgen – wer Gott vertraut, braucht sich nicht zu sorgen.

Aber ich muss dafür sorgen, dass ich Gott vertraue.

Als ich vor einiger Zeit im Urlaub durch einen kleinen Ort auf der Insel Fehmarn schlenderte, musste ich doch ein wenig schmunzeln: „Café Sorgenfrei" stand da groß und breit zu lesen, und Tische und Stühle unter schattigen Bäumen luden zum Verweilen ein. Der findi-

ge Geschäftsmann hatte es gut erkannt: Wir Menschen sehnen uns danach, ohne Sorgen zu leben – und sei es nur einmal für eine halbe Stunde bei einer Tasse Kaffee.

Anlässe für solche kleinen und großen Sorgen gab es in den ungewöhnlichen Corona-Zeiten genug, die Angst vor Virus-Mutationen und Ansteckungen, die Frage nach einen Impf-termin, Existenzbedrohung durch den langen Lock-Down. Sonst sind es eher die schlechte Note in der Mathe-Arbeit, die Kinder sind das erste Mal alleine in Urlaub oder die Oma leidet zunehmend unter Demenz. Sorgen gehören zu unserem menschlichen Leben dazu – genauso wie unser Wunsch, einmal „sorgen-frei" zu sein.

Als ich mich dem Café näherte – ein Cappucci-no hätte durchaus seinen Reiz! – fielen mir die Schilder in den Fenstern auf: „Achtung! Selbst-bedienung!" Ich schmunzelte wieder in mich hinein, holte mir selbst meinen Cappuccino – und kam ins Nachdenken.

Das „Café Sorgenfrei" hat Selbstbedienung. Und irgendwie stimmt das ja: Es kommt kein Prinz, der mich erlöst. Da kann ich lange warten.

Aber wie ich mit meinen Sorgen umgehe, das liegt auch an mir und meiner Einstellung. Manche Sorgen sind dabei „hausgemacht" – nur dass in dem Fall das Wort „hausgemacht" nicht unbedingt für Qualität steht. Da sorgt man sich um Dinge, die eigentlich gar nicht so entscheidend wichtig sind. Dann wäre es ganz gut, wenn ab und an einmal das Schild auftauchen würden: Café Sorgenfrei – Achtung! Selbstbedienung!

Solche „hausgemachten" Sorgen aber verlieren von ganz allein an Bedeutung, wenn es um wirklich Wichtiges geht: das Sterben eines Menschen, Unfall, Krankheit, Arbeitslosigkeit.

Und da kann ja wohl kaum gelten: „Achtung! Selbstbedienung!"?

Oder vielleicht doch?

Unser Glaube kann uns die Sorgen erst einmal nicht ersparen, sie gehören zu unserem Leben dazu. Und auch Gott kommt nicht zufällig vorbei und nimmt uns aus Menschenfreundlichkeit all unsere Sorgen weg. Wir müssen selbst etwas tun. Der Apostel Petrus schreibt: *„Werft alle Sorgen auf ihn, denn er kümmert sich um euch!"* (Die Bibel, 1. Brief des Apostels Petrus, Kap. 5, Vers 7). Aber wenigstens das muss ich tun, ihm meine Sorgen geben!

Deswegen wird der geliebte Mensch nicht postwendend wieder gesund, der Konkurs der Firma wird nicht verhindert, und es ist in der Regel auch kein zusätzlicher Euro auf dem Konto. Aber es kann sein, dass meine Last ein wenig leichter wird, weil da einer mitträgt, weil ich ihm das geben kann, was ich alleine nicht mehr

packe, weil ich da einem meine Not entgegen-
geschrien habe. Das „Café Sorgenfrei" im
christlichen Sinn heißt nicht, dass ich keine
Sorgen mehr habe. Aber es heißt, dass da einer
mit mir am Tisch sitzt und Zeit hat und zuhört.

Psalm 23

Der Herr ist mein Lotse.
Ich werde nicht stranden.
Er leitet mich auf dunklen Wassern
und führt mich auf der Fahrt meines Lebens.
Er gibt mir neue Kraft
und hält mich auf rechtem Kurs
um seines Namens willen.
Und geht es durch Unwetter und hohe See,
fürchte ich mich nicht.
Denn du bist bei mir.
Deine Liebe und Treue sind mir Schutz.
Du bereitest mir einen Hafen
am Ende der Zeit.

Du glättest die Wogen, die mich bedrängen,
und lässt mich sicher fahren.
Die Lichter deiner Güte und Freundlichkeit
werden mich begleiten
auf der Reise durchs Leben,
und ich werde Ruhe finden
in deinem Hafen immerdar.
AUS DER ENGLISCHEN SEEMANNSMISSION

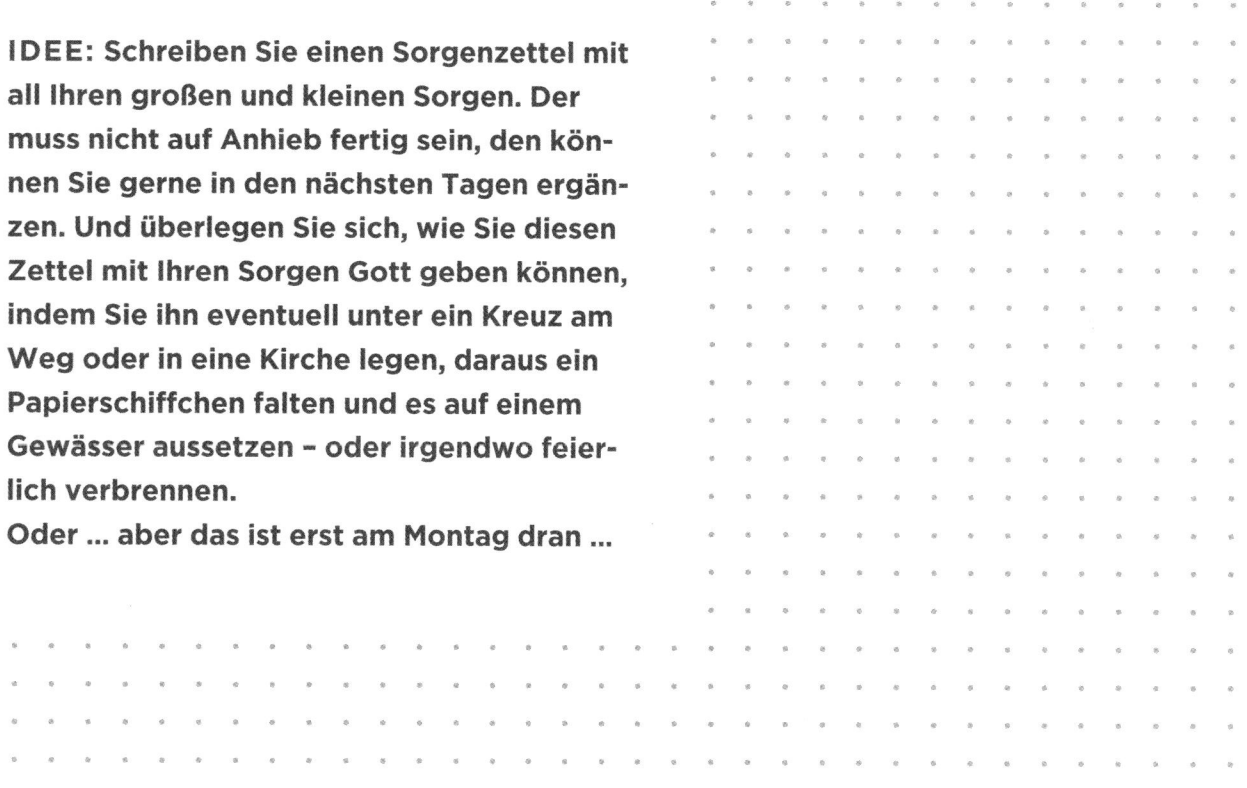

IDEE: Schreiben Sie einen Sorgenzettel mit all Ihren großen und kleinen Sorgen. Der muss nicht auf Anhieb fertig sein, den können Sie gerne in den nächsten Tagen ergänzen. Und überlegen Sie sich, wie Sie diesen Zettel mit Ihren Sorgen Gott geben können, indem Sie ihn eventuell unter ein Kreuz am Weg oder in eine Kirche legen, daraus ein Papierschiffchen falten und es auf einem Gewässer aussetzen – oder irgendwo feierlich verbrennen.

Oder ... aber das ist erst am Montag dran ...

2. FASTENSONNTAG

Während die drei Jünger den Berg hinabstiegen, gebot Jesus ihnen, niemandem zu erzählen, was sie gesehen hatten, bis der Menschensohn von den Toten auferstanden sei. Dieses Wort beschäftigte sie und sie fragten einander, was das sei: von den Toten auferstehen.
DIE BIBEL, *Markusevangelium, Kap. 9, Verse 9–10*

Verwirrt mögen sie gewesen sein, ratlos, durcheinander. Sie haben etwas erlebt, was sie nicht fassen können, was ihr Begreifen übersteigt. Sie haben Mose und Elija, die schon lange tot sind, lebendig erlebt. Da hat etwas, da hat jemand Grenzen überschritten, die eine Welt mit der anderen Welt in Verbindung gebracht. Da hat Jesus die Grenze „Tod" außer Kraft gesetzt – und hat das „diesseits" mit dem „jenseits" verbunden. Und dann noch diese seltsame Aufforderung Jesu, nichts von all dem zu erzählen, bis der Menschensohn auferstanden ist.

Was ist das, von den Toten auferstehen? Vielleicht: Daran glauben, dass das Leben die angebliche Grenze Tod überwindet. Dass es Momente und Augenblicke gibt, in denen im Hier und Jetzt etwas von dem Dort und Dann aufleuchtet.

Eine Bekannte erzählte mir vom Sterben ihrer Tante. In ihren letzten Stunden vor ihrem Tod sagte diese, etwas traurig: „Ich habe in diesem Winter gar keine Wildgänse gesehen ..." – als sie im Januar beerdigt wurde, flogen bei der Beisetzung Dutzende von Wildgänsen über den Friedhof.

Das sind keine einfachen Momente. Die können berühren, uns fassungslos machen, sprachlos, verwirrt. Mitten im Tod taucht das Leben auf. Aber es gilt auch andersherum. Mitten im Leben ist eigentlich Tod. Rainer Maria Rilke sagt es so: *„Wenn jemand stirbt, nicht das allein ist Tod. Tod ist, wenn einer lebt und es nicht weiß."* Deshalb heißt die Einladung auf dem Weg zu Ostern hin: sich für das Leben zu entscheiden – allen Toden zum Trotz.

Es liegt in eurer Hand

Es war einmal ein weiser Mann, der immer zur richtigen Zeit die richtigen Ratschläge gab. Darum wurde er auch viel befragt und genoss großes Ansehen in der Dorfbevölkerung. Dies ärgerte jedoch die Oberen des Dorfes sehr. Und so überlegten sie, wie sie dem weisen Mann eine Falle stellen konnten.

Nach langem Überlegen hatten sie einen Einfall: Einer von ihnen sollte mit einem Schmetterling in der geschlossenen Hand zu dem Weisen gehen und ihn fragen, was er in seiner Hand verberge.

Sollte wider Erwarten der weise Mann den Schmetterling benennen, so könnte mit der Zusatzfrage: „Ist der Schmetterling in meiner Hand lebendig oder tot?" der weise Mann bloßgestellt werden. Denn lautet seine Antwort „tot", so würde die Hand geöffnet werden und der Schmetterling würde wegfliegen. Lautet seine Antwort hingegen „lebendig", so könnte der Schmetterling durch schnelles Zusammendrücken der Hand getötet werden.

Die Oberen gingen also zu dem weisen Mann und fragten ihn:

„Was ist in meiner Hand?"

Der Weise antwortete: „Ein Schmetterling."

„Ist er tot oder lebendig?"

Darauf antwortete der Weise:

„Ob das, was in eurer Hand liegt, lebt oder tot ist – das liegt in eurer Hand."

(QUELLE UNBEKANNT)

ENT-LASTEN

Vielleicht kommt Ihnen die Erfahrung des jungen Mannes bekannt vor:

Ein junger Mann kam zu einem alten Weisen. „Meister", sprach er mit schleppender Stimme, „das Leben liegt mir wie eine Last auf den Schultern. Es drückt mich zu Boden, und ich habe das Gefühl, unter diesem Gewicht zusammenzubrechen."

„Mein Sohn", sagte der Alte mit einem liebevollen Lächeln, „das Leben ist leicht wie eine Feder."

„Meister, bei allem Respekt, aber hier musst du irren. Denn ich spüre mein Leben Tag für Tag wie eine tonnenschwere Last auf mir lasten. Sag, was kann ich tun?"

„Wir sind es selbst, die uns Last auf unsere Schultern laden", sagte der Alte, noch immer lächelnd.

„Aber ...", wollte der junge Mann einwenden. Doch der alte Mann hob die Hand: „Dieses ‚Aber', mein Sohn, wiegt allein schon eine Tonne ..."

(QUELLE UNBEKANNT)

Ja, manche Lasten laden wir uns selbst auf. Wir denken, wir müssten es alleine schaffen oder die anderen könnten es nicht so gut wie wir. Davon erzählt auch eine Geschichte aus dem Alten Testament der Bibel: Mose ist mit dem Volk Israel auf Geheiß Gottes aus Ägypten ausgezogen und auf dem Weg ins Gelobte Land. Immer dann und dort, wo Menschen gemeinsam unterwegs sind, gibt es natürlich auch Unstimmigkeiten und Konflikte. Und so muss Mose den ganzen Tag lang Recht sprechen und schlichten – und die Menschen müssen warten, bis sie an der Reihe sind. Sein Schwiegervater beobachtet das und sagt dann zu Mose:

Entlaste dich und lass andere mittragen! Wenn du das tust, sofern Gott zustimmt, bleibst du der Aufgabe gewachsen und dieses ganze Volk kann in Frieden heimkehren.

DIE BIBEL, *Buch Exodus, Kap. 18, Verse 22–23*

Und Mose folgt seinem Rat und beruft Männer, die ihn bei seiner Aufgabe unterstützen. Entlasten – wer kann konkret meine Last mittragen? Da bietet sich einer an:

Kommt alle zu mir, die ihr mühselig und beladen seid! Ich will euch erquicken. Nehmt mein Joch auf euch und lernt von mir; denn ich bin gütig und von Herzen demütig; und ihr werdet Ruhe finden für eure Seele. Denn mein Joch ist sanft und meine Last ist leicht.
DIE BIBEL, *Matthäusevangelium, Kap. 11, Verse 28–30*

Jesus selbst ist es, der diese Einladung ausspricht. Ihm kann und darf ich meine Last geben. Wie das geht? Ihn ansprechen, du sagen. Aussprechen, was mich bedrückt und belastet. Das muss nicht toll ausformuliert sein, es kann stotternd, stammelnd sein. Ihn anschauen und mich von ihm anschauen lassen. Man könnte auch beten dazu sagen.

Jedes Aus-sprechen hilft. Indem ich Eindrücke zum Ausdruck bringe, Sorgen beim Namen nenne, mich meiner Not und meiner eigenen Situation stelle, können sich Dinge in mir neu ordnen und klären. Im Sprechen mit Gott trennt sich Wichtiges von Unwichtigem, und manchmal erkenne ich sogar den nächsten Schritt, den ich gehen kann.

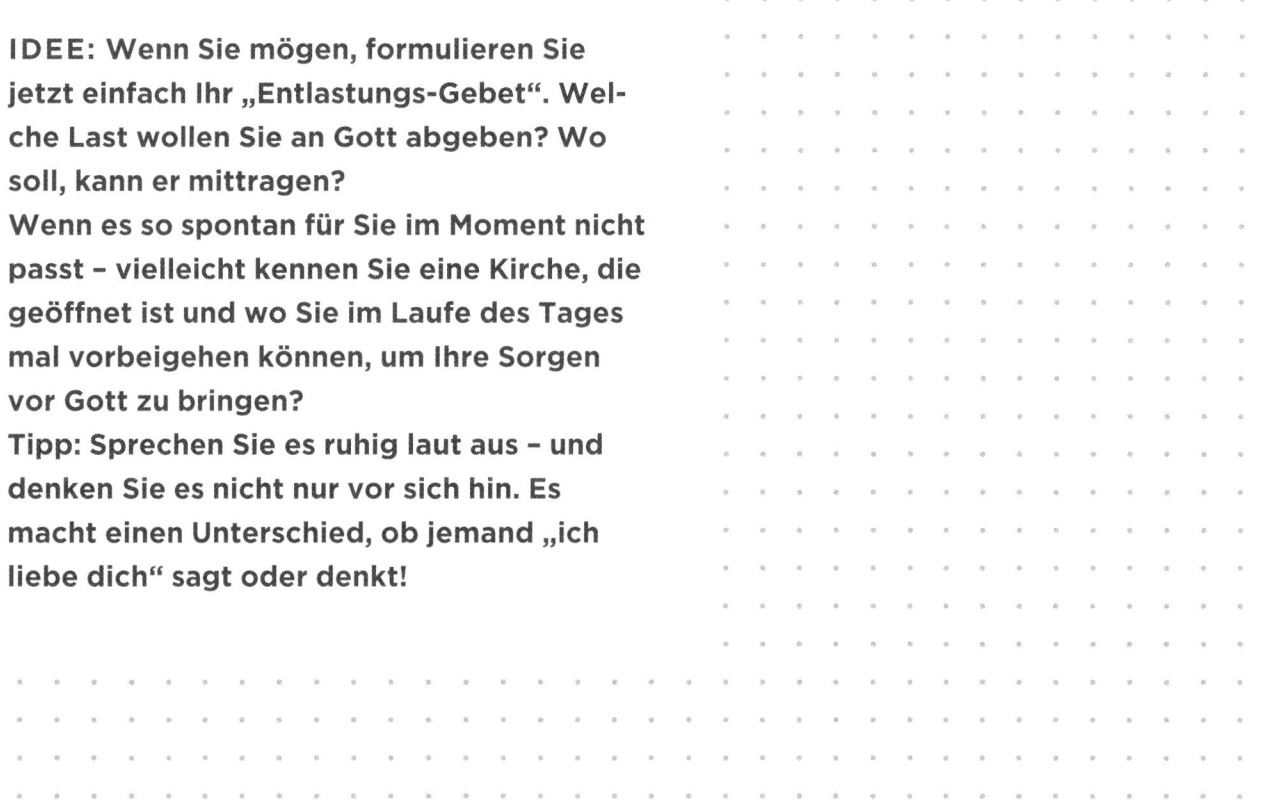

IDEE: Wenn Sie mögen, formulieren Sie jetzt einfach Ihr „Entlastungs-Gebet". Welche Last wollen Sie an Gott abgeben? Wo soll, kann er mittragen?

Wenn es so spontan für Sie im Moment nicht passt – vielleicht kennen Sie eine Kirche, die geöffnet ist und wo Sie im Laufe des Tages mal vorbeigehen können, um Ihre Sorgen vor Gott zu bringen?

Tipp: Sprechen Sie es ruhig laut aus – und denken Sie es nicht nur vor sich hin. Es macht einen Unterschied, ob jemand „ich liebe dich" sagt oder denkt!

Worte der Liebe

Auf das Reden über das Gebet kommt es letztlich nicht an, sondern auf die Worte, die wir selbst zu Gott sagen. Und diese Worte muss man eben selbst sagen.

Ach, sie können leise, arm und schüchtern sein. Sie können wie silberne Tauben in den Himmel Gottes aus einem frohen Herzen aufsteigen, oder sie können sein wie der unhörbare Lauf bitterer Tränen. Sie können groß und erhaben sein wie der Donner, der sich in den hohen Bergen bricht, oder schüchtern wie das scheue Geständnis einer ersten Liebe. Wenn sie nur von Herzen kommen. Wenn sie nur von Herzen kommen möchten. Und wenn sie nur der Geist Gottes mitbetet. Dann hört sie Gott. Dann wird Er keines dieser Worte vergessen. Dann wird Er die Worte in seinem Herzen aufbewahren, weil man die Worte der Liebe nicht vergessen kann. Und dann wird Er uns geduldig, ja selig weiter zuhören, ein ganzes Leben lang, bis wir ausgeredet haben, bis wir unser ganzes Leben ausgeredet haben.

Und dann – wird Er ein einziges Wort der Liebe sagen, aber Er ist dieses Wort selbst. Und dann wird der Schlag unseres Herzens stehenbleiben über diesem Wort. In Ewigkeit.

KARL RAHNER, *Theologe (1904–1984)*

ENT-SCHLEUNIGEN

Es gibt zwei Wege, das Leben zu verlängern", so schrieb vor über 200 Jahren der Physikprofessor und Schriftsteller Georg Christoph Lichtenberg, „*erstens, dass man die beiden Punkte geboren und gestorben werden weiter voneinander bringt und also den Weg länger macht ... in diesem Fach haben einige unter den Ärzten sehr viel geleistet. Die andere Art ist, dass man langsamer geht und die beiden Punkte stehen lässt, wo Gott will.*"

Länger leben, indem man langsamer geht. Wer langsamer geht, ist achtsamer, bewusster, schaut hin, hört zu. An dem rauscht das Leben nicht einfach vorbei im Sinne von möglichst viel, möglichst schnell, am besten alles und sofort. Wer langsamer geht, sieht den Schmetterling, wer innehält, hört die Lerche. Der hat Zeit für ein gutes Wort, für eine kleine Pause, für eine Begegnung – kurz: Der hat mehr Leben im Leben. Der lebt mehr. Denn Leben ist keine Frage der Jahre und der Zeit, sondern der Intensität.

Kontemplation –
das ist Innehalten,
einen Augenblick lang,
mitten im Alltag.

Dem Rauschen der Bäume lauschen,
die ziehenden Wolken betrachten,
den Menschen neben mir liebevoll anschauen,
auf meine innere Wahrheit hören,
einen Augenblick dem Leben danken,
dass wir sind ...
einen Augenblick lang,
eine Sekunde,
eine Stunde,
einen freien Nachmittag ...
nur da sein
– das ist Widerstand!
Heute in unserer Welt voller Arbeit,
Tun, Stress, Aktivität.
Der Widerstand des Innehaltens.

Da kann der Augenblick
plötzlich reich und tief werden,
weil er mich an das Geschenk des Daseins
erinnert.

Für einen Augenblick kommt meine Sehnsucht
in den Hafen des Lebens.
Einen Augenblick findet unser rastloses
Menschen-Herz
Ruhe in Gottes Gegenwart ...

... da wird menschliches Leben
zum Sakrament.
(QUELLE UNBEKANNT)

**IDEE: Hm, ob Sie es wohl schaffen, heute
das Tempo ein wenig herunterzufahren?
In der Mittagspause eine Viertelstunde
in den Park gehen und nachschauen, was
schon blüht. Einen Brief schreiben statt eine
WhatsApp-Nachricht zu schicken – und gemütlich zum Briefkasten schlendern. Sehr
bewusst heute kochen und nicht auf die
Suppe aus der Dose zurückgreifen. Auf das
Gezwitscher der Vögel hören. Nicht drei
Dinge zugleich machen ... oder was fällt Ihnen noch ein?
Oder wie es jemand mal sagte: Nicht auf
allen Hochzeiten tanzen, sondern nur auf
einer – aber dafür bis spät in die Nacht!**

*Es hatte zwei Wochen lang geregnet. Dann öff-
nete sich der Himmel zum schönsten Tag, der
sich denken lässt. Die Bauarbeiten sollten fort-
gesetzt werden, aber der Tagelöhner fehlte. Die
Tochter des Baumeisters eilte zu seiner abseits
gelegenen Hütte und fand ihn in der Sonne
sitzen. Auf ihre Vorhaltungen erwiderte er:
„Glauben Sie im Ernst, dass ich einen solchen
Tag an Sie verkaufe?"*
(QUELLE UNBEKANNT)

ENT-SPANNEN

Natürlich – das Wort musste ja kommen! Und so starten wir auch entsprechend mit einer kleinen Entspannungsübung für diejenigen, die mögen:

IDEE: „Jede Farbe hat eine besondere Wirkung auf unsere Psyche und unseren Körper. Jede einzelne Farbe besitzt eine spezielle

Energie und Wellenlänge, die sich auf unseren Körper überträgt. So wirkt zum Beispiel die Farbe Rot wärmend und anregend, Blau dagegen kühlend und beruhigend.

In der Farbtherapie wird diese positive Wirkung genutzt. Sie selbst können den Effekt aber auch für sich zum Entspannen verwenden und zwar mit einer kurzen Farbmeditation.

Wählen Sie sich eine Farbe, die Sie mögen oder die Sie an diesem Tag besonders anspricht. Und dann denken Sie an etwas, am besten aus der Natur, was diese Farbe trägt, zum Beispiel das helle Grün eines Blattes oder das leuchtende Rot einer Rose. Betrachten Sie dies dann eine Weile vor Ihrem geistigen Auge. Schauen Sie sich beispielsweise bei der Rose die einzelnen Blätter genau an, bemerken Sie die feinen Farbnuancen und Schattierungen, spüren Sie die Energie, die diese Farbe ausstrahlt und wie sie auf Sie wirkt.

Sie werden merken, wie Sie dabei ruhiger und entspannter werden."

(QUELLE UNBEKANNT)

Entspannt zu sein kann wichtig sein. Davon erzählt die folgende Geschichte:

Der alte Apostel Johannes spielte gern mit seinem zahmen Rebhuhn. Eines Tages kam ein Jäger zu ihm. Er wunderte sich, dass Johannes, ein so angesehener Mann, spielte. Er hätte doch in der Zeit viel Gutes und Wichtiges tun können. „Warum vertust du deine Zeit mit Spielen? Warum wendest du deine Aufmerksamkeit einem nutzlosen Tier zu?" Johannes schaute ihn verwundert an. „Weshalb ist der Bogen in deiner Hand nicht gespannt?" – „Das darf man nicht", gab der Jäger zur Antwort. „Der Bogen würde seine Spannkraft verlieren, wenn er immer gespannt wäre. Wenn ich dann einen Pfeil abschießen wollte, hätte er keine Kraft mehr."

„Junger Mann", antwortete Johannes, „so wie du deinen Bogen immer wieder entspannst, so musst du dich selbst auch immer wieder entspannen und erholen. Wenn ich mich nicht entspanne und einfach spiele, dann habe ich keine Kraft mehr für eine große Anspannung, dann fehlt mir die Kraft, das zu tun, was notwendig ist und den ganzen Einsatz meiner Kräfte fordert."

NACH JOHANNES CASSIAN,
Mönch (360–435)

Die Geschichte erzählt auch davon, dass es nicht nur um Entspannung geht, sondern um eine gute Balance zwischen loslassen und anspannen. Ein Bild, das mir bei der Frage hilft, wie man sich denn am besten „entspannt", ist das von der Waage – nein, nicht die modernen Computerwaagen, die was weiß ich alles messen und einem damit ja auch schon wieder Druck machen, sondern diese alten Apothekerwaagen mit zwei Waagschalen. Und diese beiden Schalen müssen sozusagen in die Balance kommen: Wenn in einer Schale zu viel drin ist, dann muss ich das „zu viel" herausnehmen – oder in die andere Schale entsprechend mehr hineintun.

Die Art und Weise, wie wir im Alltag leben, ist oft einseitig, etwas hat das „Übergewicht" bekommen. Und dann kommen wir aus der Balance, etwas wird „schief". Das heißt aber noch lange nicht, dass der Inhalt dieser zu schweren Waagschale deswegen „schlecht" ist – es ist halt nur zu viel. Und dann entsteht eine Spannung, die nicht gut tut.

Wenn Sie bemerken, dass Sie total in Ihr Leben eingespannt sind und ihm nicht mehr entrinnen können, dass Ihr Tag nur noch Hast und Stress ist und Ihnen keinen Augenblick mehr für irgendwas oder irgendjemanden lässt, dass die vierundzwanzig Stunden des Tages nicht mehr reichen und zwölf weitere notwendig wären, dass Sie gereizt und elektrisch geladen sind, so dass die Funken sprühen und die Menschen um Sie herum Schocks abbekommen, dann ist es dringend an der Zeit, sich um ein Treffen mit sich selbst zu bemühen.

HELDER CAMARA, *brasilianischer Erzbischof (1909–1999)*

IDEE: Malen Sie eine alte Apothekerwaage. Schreiben Sie auf die eine Waagschale „Jagd" als Bild für „Anspannung" und auf die andere „Rebhuhn" als Bild für „Entspannung". Und dann füllen Sie die Schalen entsprechend mit dem, was Sie heute (oder in den nächsten Tagen) so vorhaben – also Ihre „Jagd-Zeiten" und Ihre „Rebhuhn-Zeiten". Welche Schale ist schwerer? Können Sie da eventuell etwas herausnehmen? Oder die Balance besser erreichen, wenn Sie in die andere Schale noch etwas hineintun?

*Strebe nach Ruhe, aber durch das Gleich-
gewicht, nicht durch den Stillstand deiner
Tätigkeit.*

FRIEDRICH SCHILLER, *Dichter (1759–1805)*

3. FASTENSONNTAG

lieben

ich liebe dich
nicht nur für das was du bist
sondern auch für das was ich bin
wenn ich bei dir bin

ich liebe dich
nicht nur für das
was du aus dir gemacht hast
sondern für das was du aus mir machst

ich liebe dich
für das was du in mir hervorlockst

ich liebe dich
weil deine Hand sich an mein übervolles Herz legt
und all die dummen schwachen Dinge
    unbeachtet lässt
die du dort im Dämmerlicht entdeckst

und für all die Kostbarkeiten
die du ans Licht holst
nach denen sich bisher niemand
tief genug gebückt hat

ich liebe dich
weil du mir hilfst aus den Brettern meines
    Lebens keine Spelunke
sondern einen Tempel zu machen
aus den Werken meines Alltags keinen Vorwurf
sondern ein Lied

ich liebe dich
denn du hast mehr getan um mich gut zu
    machen
als jedes Bekenntnis es hätte tun können
und für mein Glücklich-sein mehr als jede
    Vorbestimmung

du hast es getan
ohne eine Berührung
ohne ein Wort
ohne ein Zeichen

du hast es durch dein Du-selbst-Sein getan
vielleicht ist es letztendlich das
was Freund-sein bedeutet

MARY CAROLYN DAVIES, *Dichterin*
(1888–1940)

Aus den Brettern meines Lebens keine Spelunke machen, sondern einen Tempel. Ich bin ein Tempel Gottes, weil Gott mich dazu gemacht hat. Und das ist die Zusage:

Wisst ihr nicht, dass ihr Gottes Tempel seid und der Geist Gottes in euch wohnt? Wer den Tempel Gottes zerstört, den wird Gott zerstören. Denn Gottes Tempel ist heilig und der seid ihr.
DIE BIBEL, *1. Brief an die Korinther, Kap. 3, Verse 16–17*

Und möglicherweise hört man plötzlich die folgende Bibelstelle mit ganz anderen Ohren:

Jesus machte eine Geißel aus Stricken und trieb die Händler und Verkäufer alle aus dem Tempel hinaus samt den Schafen und Rindern;

das Geld der Wechsler schüttete er aus, ihre Tische stieß er um und zu den Taubenhändlern sagte er: Schafft das hier weg, macht das Haus meines Vaters nicht zu einer Markthalle!
DIE BIBEL, *Johannesevangelium, Kap. 2, Verse 15–16*

Vielleicht nicht nur eine Geschichte von damals und dort, sondern von hier und heute – und von Gott und mir?

ENT-BINDEN

Entbindung – klar, da kommt ein Kind zur Welt! Ein neuer Mensch wird geboren! Und damit ist auch schon klar, wo der Begriff herkommt: Eine Frau ent-bindet – und hebt damit die allerengste Bindung zwischen sich und dem Kind auf. Erst dadurch ermöglicht sie dem Kind zu wachsen und ein eigenständiger Mensch zu werden.

Aber vielleicht ist dies ein Schritt, der immer wieder einmal im Leben ansteht?

Die Geburt ist nicht ein augenblickliches Ereignis, sondern ein dauernder Vorgang. Das Ziel des Lebens ist es, ganz geboren zu werden, und seine Tragödie, dass die meisten von uns sterben, bevor sie ganz geboren sind.
ERICH FROMM, *Psychoanalytiker (1900–1980)*

Immer wieder will etwas in uns neu „geboren" werden, denn sonst würden wir auf dem Entwicklungsstand von Kleinkindern bleiben. Wir lernen Dinge, die wir vorher nicht konnten, wir übernehmen neue Aufgaben, betreten andere Lebensräume. Dazu müssen wir uns auch immer wieder aus bestimmten Bindungen lösen, die eventuell zu einer bestimmten Lebensphase gehören. Hermann Hesse sagt es in seinem bekannten Gedicht „Stufen" so:

Es muss das Herz bei jedem Lebensrufe
Bereit zum Abschied sein und Neubeginne,
Um sich in Tapferkeit und ohne Trauern
In andre, neue Bindungen zu geben.

Vielleicht lässt sich so auch ein Zugang zu dem nächtlichen Gespräch zwischen Nikodemus, einem jüdischen Schriftgelehrten, und Jesus finden?

Nikodemus entgegnete Jesus: Wie kann ein Mensch, der schon alt ist, geboren werden? Kann er etwa in den Schoß seiner Mutter zurückkehren und noch einmal geboren werden?
DIE BIBEL, *Johannesevangelium,*
Kap. 3, Vers 4

Man kann auch in einem geistlichen Sinn neu geboren werden! Wenn wir mal im Bild des „ent-bindens" bleiben: Das nimmt die Fesseln weg, die unfrei machen und am Wachsen hindern. Davon erzählt die lange Geschichte Gottes mit seinem Volk: Er holt es aus dem Sklavenhaus in Ägypten heraus und führt es auf dem Weg in die Freiheit. Und Jesus befreit die Menschen von Krankheiten und bösen Dämonen. Auch heute gibt es „Ägypten" und „Dämonen", die uns immer wieder fesseln und binden wollen: allen Erwartungen gerecht werden, rund um die Uhr verfügbar sein, gut dastehen, besser als die anderen sein, sich abhängig machen von der Meinung anderer, jemandem Macht über mich einräumen … Und auch wir sind gefragt, uns immer wieder neu aus solchen Bindungen zu lösen, neu zu uns und zur Welt zu kommen.

Unsre Seele ist wie ein Vogel dem Netz des Jägers entkommen; das Netz ist zerrissen und wir sind frei.
DIE BIBEL, *Psalm 124, Vers 7*

Frei sein – das ist die Zusage. Frei von Druck, Anforderungen, den ganzen „du musst doch!", frei von all dem, was uns unterdrückt und versklavt, frei sein von all dem, was uns den Atem, den Mut, die Kraft nimmt. Frei sein – um lebendig zu sein. Freiheit – das ist Weite, Offenheit, Abenteuer. Das hat nichts mit netten Wohnlandschaften zu tun, in denen man sich gemütlich niederlassen kann und Gott einen guten Mann sein lässt. Da weht einem der Wind um die Nase, das fordert heraus, da mutet sich das Leben mir zu. Und manchmal kann es durchaus stürmisch zugehen, der Sand weht einem ins Gesicht, der Regen durchnässt einen bis auf die Haut. Und gelegentlich kann man das Gefühl haben, sich in der Weite und der Unendlichkeit zu verlieren … Aber da ist einer an meiner Seite. Und er nimmt mich an der Hand – und wir laufen gemeinsam dem Leben entgegen.
Das ist Glauben.

IDEE: Wenn Sie so auf Ihr Leben zurückschauen – wann und wo gab es solche Lebensstufen bei Ihnen? Wann haben Sie sich aus Räumen oder Bindungen gelöst, hat etwas Neues angefangen? Der erste Schultag, die erste Fahrt mit der Clique, Beginn der Berufsausbildung, Partnerschaft, eigene Kinder, Berufswechsel, vielleicht Krankheiten, Rente, neue Wohnorte …

Geburten werden in der Regel von Hebammen begleitet. Gab es in Ihrem Leben solche „Hebammen", die Sie dabei unterstützt haben, den nächsten Schritt zu tun? Und wissen diese Menschen eigentlich, dass sie für Sie hilfreich waren?

Wie wäre es denn, wenn Sie einer/m der „Hebammen" in Ihrem Leben einen kleinen Brief oder eine Karte schreiben würden – mit einem „Danke", einem Segenswunsch, einer Ermutigung …?

Entwurf für einen Brief an …

ENT-WÖHNEN

Wenn Kinder zu eigenständigen Menschen werden sollen, dann müssen sie auch entwöhnt werden, also von der Milch der Mutterbrust an Brei und allmählich feste Nahrung herangeführt werden. Man muss das Gewohnte und die Gewohnheiten unterbrechen, damit Neues werden kann. Der Schritt ist nicht immer leicht – denn ein bisschen Schlaraffenland, wo einem quasi alles wohlfeil dargeboten wird, ist ja auch ganz schön. Und vielleicht gilt das auch für uns Christen und unseren Glauben?

Vielleicht müssten wir uns als Christen auch „entwöhnen"? Abschied nehmen von einem unreflektierten Kinderglauben, bei dem Gott als alter Mann mit langem weißem Bart auf einer Wolke sitzt und wie ein Buchhalter alles Gute und Schlechte, das wir Menschen tun, fein säuberlich notiert? Ein solches Bild von Gott hilft nicht beim Leben und lädt auch nicht zum „Fliegen" ein.

Möglicherweise erinnern Sie sich an „Die Möwe Jonathan", ein Kultbuch aus den 1970er-Jahren (Originalausgabe: Richard Bach, Jonathan Livingston Seagull, 1970). Jonathan übt das Fliegen in Vollendung, nicht um irgendwo Futter zu finden, sondern um der Schönheit des Fliegens willen.

Die Christen leben wie Gänse auf einem Hof. An jedem siebten Tag wird eine Parade abgehalten, und der beredsamste Gänserich steht auf dem Zaun und schnattert über das Wunder der Gänse. Erzählt von den Tagen der Vorfahren, die einst zu fliegen wagten, und lobt die Gnade und Barmherzigkeit des Schöpfers, der den Gänsen Flügel und den Instinkt zum Fliegen gab. Die Gänse sind tief gerührt, senken in Ergriffenheit die Köpfe und loben die Predigt und den beredsamen Gänserich. Aber das ist auch alles. Eines tun sie nicht – sie fliegen nicht. Sie gehen zu ihrem Mittagsmahl. Sie fliegen nicht, denn das Korn ist gut und der Hof sicher.
SÖREN KIERKEGAARD, *dänischer Philosoph (1813–1855)*

Das Buch „Die Möwe Jonathan" wurde 1973 verfilmt, und die Filmmusik von Neil Diamond wurde sehr bekannt. Falls Sie mögen, hören Sie (nachher) mal rein!

Klaus Hoffmann, Liedermacher, ist Realist. In einem seiner Lieder heißt es: „Vielleicht wirst du nicht fliegen, vielleicht wirst du nur gehen ..." – aber auch das wäre ja schon was!

In der Fastenzeit verzichten viele Menschen auf etwas: Schokolade, Alkohol, Autofahren ... das ist erstmal nicht schlecht, wenn dadurch Gewohnheiten unterbrochen werden. Aber auch hier gilt: Es geht nicht um einen Verzicht um des Verzichtens willen und sich dem Osterfest regelrecht entgegenzuleiden. Sondern es geht darum, neu frei zu werden, um das Fliegen zu lernen – oder zumindest das Gehen!

Vielleicht bringt es Leo N. Tolstoi, ein russischer Schriftsteller, auf den Punkt, wenn er sagt:

Frei ist, wer sich als lebendig begreift. Und sich als lebendig begreifen heißt, das Gesetz seines Lebens zu begreifen, heißt, danach zu streben, das Gesetz des eigenen Lebens zu erfüllen.

Ein Schüler fragte den Baalschem: „Wie geht das zu, dass einer, der an Gott hängt und sich ihm nah weiß, zuweilen eine Unterbrechung oder Entfernung erfährt?"

Der Baalschem erklärte: „Wenn ein Vater seinen kleinen Sohn will gehen lehren, stellt er ihn erst vor sich hin und hält die eigenen Hände zu beiden Seiten ihm nah, dass er nicht falle, und so geht der Knabe zwischen den Vaterhänden auf den Vater zu. Sowie er aber zum Vater herankommt, rückt der um ein weniges ab und hält die Hände weiter auseinander, und so fort, dass das Kind gehen lerne."

ISRAEL BEN ELIESER VON MESBIZ

Eine vielleicht etwas verrückte IDEE: Schauen Sie sich das Foto von der Möwe (S. 62) an – gibt es eventuell eine Botschaft, die die Möwe Ihnen sagen will? Und falls Sie Ihren Computer oder das Smartphone in der Nähe haben sollten – unter Neil Diamond und „Jonathan Livingston Seagull" finden Sie die Musik zum Film.
Zum Beispiel auf Youtube:
www.youtube.com/watch?v=tiRjlKoejCO

ENT-GRENZEN

Was fällt Ihnen zum Thema „Grenze" ein? Vielleicht:

- Da gibt es Grenzen zwischen Ländern
- Für Kinder müssen bisweilen Grenzen gezogen werden
- In den Corona-Zeit war Distanz notwendig, sozusagen als definierte Abgrenzung zur Nähe

- Wir haben oft unsichtbare, ganz persönliche Grenzen, die keiner ohne Erlaubnis überschreiten darf
- Wir erleben immer wieder Grenzen unserer Begabungen und Kompetenzen
- und klare Grenzen unserer Verfügbarkeit können lebenswichtig sein.
- Grenzen können einerseits in einem „begrenzten" Maß schützen, auch wenn dieser Schutz bisweilen instabil sein kann. Andererseits aber können Grenzen, selbst oder fremd gesetzte, eine Entwicklung auch behindern und einschränken.

Deshalb lohnt es sich zu fragen, ob manche dieser Grenzen wirklich notwendig und sinnvoll sind. Oder ob es Momente oder Situationen im Leben gibt, wo es wichtig wäre, sich zu entgrenzen, also in einem guten Sinne Grenzen auch einmal zu überschreiten oder sie abzubauen, um dadurch in einen neuen „Raum" zu kommen? Deshalb gleich eine Herausforderung:

IDEE: Haben Sie Lust, gedanklich etwas auszuprobieren? Die Aufgabe besteht darin, dass Sie eine brennende Kerze an einem an der Wand hängenden Korkbrett so befestigen sollen, dass kein Wachs heruntertropft. Als Material haben Sie eine kleine Kerze, ein Streichholzbriefchen und eine Schachtel mit Reißnägeln. Welche Lösungsmöglichkeiten fallen Ihnen dazu ein?
(Die Auflösung finden Sie auf Seite 70)

Etwas bekannter ist die Aufgabe, neun in einem Quadrat angeordnete Punkte mit einem Stift durch vier gerade Linien miteinander zu verbinden, ohne den Stift abzusetzen.

Beide Aufgaben lassen sich nur lösen, wenn man außerhalb des vorgegebenen Rahmens denkt, oder wie es im Englischen so schön heißt: „thinking outside the box".
Neue und kreative Lösungen fallen uns manchmal schwer, weil wir auf „mehr von demselben" setzen statt auf „vielleicht ganz anders?".

Eine Frau, die sich mit vorgegebenen Grenzen nicht abgefunden hat, war Helen Keller. Im Alter von 19 Monaten verlor sie ihr Seh- und Hörvermögen – und doch lernte sie zu sprechen und zu schreiben! Sie sagt:

Sicherheit ist größtenteils Aberglaube.
Sie existiert weder in der Natur, noch wird sie von den Menschenkindern insgesamt erfahren. Gefahr zu meiden ist auf Dauer nicht sicherer als sich ihr uneingeschränkt aus-
zusetzen. Das Leben ist entweder ein toll-kühnes Abenteuer oder nichts.
HELEN KELLER, *taubblinde US-amerikanische Schriftstellerin (1880–1968)*

In Jesus Christus hätten wir da ein gutes Vorbild. Er hat damals geltende Grenzen überschritten und die Gesetze wieder in Beziehung zu den Menschen gesetzt: Der Sabbat ist für den Menschen da und nicht der Mensch für den Sabbat. Er hat Aussätzige berührt und hat Frauen ihre Würde zurückgegeben. Und mehr noch: Mit seiner Geburt hat er den Himmel zur Erde gebracht – und durch seinen Tod und seine Auferstehung den Himmel für uns geöffnet. Seitdem steht die Grenze zwischen Himmel und Erde offen – und wenn wir diese Grenze überschreiten, dann droht uns nicht der Tod, sondern dann blüht uns das Leben.

Glauben heißt, die Grenzen in vorgreifender Hoffnung überschreiten, die durch die Auferweckung des Gekreuzigten durchbrochen sind. Bedenken wir das, so kann dieser Glaube nichts mit Weltflucht, Resignation und Ausflucht zu tun haben.
JÜRGEN MOLTMANN, *Theologe (*1926)*

Mit Jesus an meiner Seite kann ich mich trauen, das zu tun, was ich bisher nicht wagte, etwas Neues zu probieren, angebliche Grenzen zu hinterfragen. Und warum das nicht einmal ausprobieren?

IDEE: Machen Sie heute etwas, was Sie noch nie gemacht haben oder von dem Sie denken, Sie können es nicht. Oder „das darf ich nicht" und „das tut man nicht": Ziehen Sie zwei verschiedene Socken an, stellen Sie Ihrer Nachbarin ein paar Blumen vor die Tür, schreiben Sie ein Gedicht, lassen Sie die Bügelwäsche liegen, machen Sie Ketchup auf die Nudeln, backen Sie Plätzchen, gehen Sie mal in ein anderes Geschäft einkaufen als sonst, pflanzen Sie Blumen in die alten Gummistiefel, machen Sie Ihrer Arbeitskollegin ein Kompliment ... Denn:

Mit meinem Gott überspringe ich Mauern!
DIE BIBEL, *Psalm 18, Vers 30*

Man muss sich ja nicht gleich die allerhöchsten Mauern vornehmen! Ein wenig üben an den kleinen Mauern kann auch schon spannend sein!

Lösung zu der Aufgabe von S. 67
Man nimmt die Reißnägel aus der Schachtel, stellt stattdessen die Kerze hinein, befestigt die Schachtel mit den Reißnägeln an dem Korkbrett und entzündet die Kerze. – Viele sehen die Schachtel nur als Verpackung für die Reißnägel an und kommen nicht auf den Gedanken, sie als eigenständiges Material zu benutzen. (Nach einem Experiment von Karl Duncker, Gestaltpsychologe)

4. FASTENSONNTAG

Denn Gott hat die Welt so sehr geliebt, dass er seinen einzigen Sohn hingab, damit jeder, der an ihn glaubt, nicht verloren geht, sondern ewiges Leben hat. Denn Gott hat seinen Sohn nicht in die Welt gesandt, damit er die Welt richtet, sondern damit die Welt durch ihn gerettet wird.

DIE BIBEL, *Johannesevangelium, Kap. 3, Verse 16–17*

Die Aussage Jesu in dem nächtlichen Gespräch mit Nikodemus ist klar und eindeutig: Die, die an ihn glauben, gehen nicht verloren. Und: Er kommt um zu retten, nicht um zu richten. Damit ist nicht irgendeine ferne, ungewisse Zukunft gemeint, sondern die Gegenwart.

Wenn wir heute diese Geschichte hören, ist die Versuchung groß, sie im „dort und damals" zu verorten, das hat damals Jesus eben zu Nikodemus gesagt. Aber auch die Vergangenheit ist nicht gemeint, sondern die Aussage gilt mir, heute, hier, jetzt. Denn „ewiges Leben" ist weniger ein zeitlicher Begriff für irgendwann mal, wie manche denken, sondern eine Qualitätsbezeichnung für eine Art zu leben, die durchaus hier und jetzt beginnen kann.

Ich höre schon den Einwand: Ja, aber …

Richtig. Unser Glaube an Gott nimmt Krankheit und Tod nicht weg, Krebs macht auch vor Christen nicht Halt, auch wir mussten in Corona-Zeiten mit Kurzarbeitergeld klarkommen und mit homeschooling, Kontaktbeschränkungen und abgesagten Hochzeitsfeiern. All das ist aber nicht das „Gericht Gottes", wie einige uns einzureden versuchten. Und seine Rettung besteht auch nicht darin, dass er für uns all das einfach magisch verschwinden lässt.

Er rettet uns, indem er mitgeht, durch all das hindurch. Und indem er uns vorausgeht – durch den Tod zum Leben. Wenn ich das glaube, dann brauche ich nicht die Vergangenheit zu verklären oder meine Hoffnung auf die Zukunft zu verschieben, sondern kann voll Vertrauen leben – hier und jetzt! Wichtig könnte nur eines sein: So wie Nikodemus einfach das Gespräch mit Jesus suchen und ihm die Fragen stellen, die ich ihm schon immer stellen wollte. Heute!

Von dem niederländischen Liedermacher Herman van Veen gibt es eine nette Geschichte, wie er die Chance bekommt, Gott in seinem Häuschen zu besuchen. Auf dem Weg dorthin, ziemlich nervös, beginnt er zu überlegen, was er Gott denn fragen möchte. Die Frage: „Warum sind in deinem Namen so viel Kriege geführt und so viel Menschen geopfert worden?" scheint ihm für den Anfang doch zu heftig, die Frage könnte Gott vielleicht erschrecken. Und so kommt er zu einer ganz, ganz höflichen Frage, mit der er beginnen möchte: „Grüß Gott, haben Sie auch etwas mit dem Lotto zu tun?"

Auch Fragen können eine Form von Gebet sein, ein Sprechen mit Gott. Wir dürfen ihm sogar alle unsere Fragen regelrecht vor die Füße werfen – er hält das aus. Aber könnte es sein, dass wir neu lernen müssen zu fragen?

SCHÜLER: Was heißt fragen lernen? Ich frage ja immerzu. Mir wäre lieber, ich könnte meine Fragen beantworten lernen.
LEHRER: Fragen lernen heißt, über das hinaus zu fragen, was die Leute für selbstverständlich halten und womit sie sich abgefunden haben.
SCHÜLER: Und wie lernt man das?
LEHRER: Indem man sich nichts schenkt, aber alles abverlangt. Es gibt keine Regeln dafür.

Fragen ist schwerer als antworten. Die meisten lernen es nie, wissen nicht einmal, dass man überhaupt fragen kann. Antworten umstellen ihr Leben, aber nicht Antworten auf eigene Fragen, sondern Scheinantworten, die den eigenen Fragen zuvorkommen, damit sie nur ja nicht gefragt werden.
Willst du fragen lernen, schnür die amtlich verpackten Bündel auf. Stürz den Inhalt der geordneten Kisten um und erprobe selbst, womit du leben kannst.
Vertrau auf dich und wage zu fragen. Das führt dich ins Weite.
HUBERTUS HALBFAS

Von professionellen Beratern kann man lernen, dass man möglicherweise auf eine gute Frage erst einmal keine Antwort bekommt, weil der andere darüber nachdenken, nach einer Antwort suchen muss. Schnelle Antworten sind eher ein Signal dafür, dass die Frage eventuell nicht „tief" genug ist. Ich werde möglicherweise auch auf meine Fragen an Gott so schnell keine Antwort bekommen. Dann könnte es sein, dass es eventuell eine wichtige Frage war ... und dass es gut war, sie gestellt zu haben.

Sie sind so jung, so vor allem Anfang, und ich möchte Sie, so gut ich es kann, bitten, lieber Herr, Geduld zu haben gegen alles Ungelöste in Ihrem Herzen und zu versuchen, die Fragen selbst liebzuhaben wie verschlossene Stuben und wie Bücher, die in einer sehr fremden Sprache geschrieben sind. Forschen Sie jetzt nicht nach den Antworten, die Ihnen nicht gegeben werden können, weil Sie sie nicht leben könnten. Und es handelt sich darum, alles zu leben. Leben Sie jetzt die Fragen. Vielleicht leben Sie dann allmählich, ohne es zu merken, eines fernen Tages in die Antwort hinein.
RAINER MARIA RILKE, *Dichter und Lyriker (1875–1926)*

ENT-SCHEIDEN

Bei einer Entscheidung habe ich die Wahl zwischen zwei (oder mehr) Alternativen. Wenn ich mich entscheide, nehme ich die Scheidung, die Trennung weg, es bleibt dann nur noch eine Möglichkeit übrig. Deshalb tun sich manche schwer mit Entscheidungen, sie würden sich gerne alle Möglichkeiten offenhalten. Das kann man natürlich machen, aber wenn ich an einer Kreuzung stehe und mich für keinen der Wege entscheiden will oder kann, dann werde ich dort wohl Wurzeln schlagen und gar nicht mehr vorankommen.

Vielleicht haben Sie den Ausdruck „Buridans Esel" schon einmal gehört? Das ist die Geschichte eines Esels, der zwischen zwei Heuhaufen steht und trotzdem verhungert, weil er sich nicht entscheiden kann, von welchem er fressen soll.

Des Buridanus Eselstute
kennt jeder Böse, jeder Gute.
Und jeder, Mann wie Mädchen, weiß,
dass sie, vom Wirbel bis zum Steiß
verhungert ist, weil kurzerhand
sie sich nicht hat entschließen können,
von den beiden Bündeln Heu,
in deren Mitte sie sich fand,
das eine sich zur Speis
zu gönnen vorzugsweis ...
CHRISTIAN MORGENSTERN, *Dichter*
(1871–1914)

Nicht getroffene Entscheidungen binden Kraft, die in Erwägungen und Überlegungen gesteckt wird statt in die konkrete Umsetzung der gewählten Möglichkeit.

Ist Unentschiedenheit dem Herzen nah, so muss der Seele daraus Bitternis erwachsen.
WOLFRAM VON ESCHENBACH, *Dichter und Minnesänger, um 1200*

Dabei kommt es auch auf den richtigen Zeitpunkt für eine Entscheidung an, auf den „kairos". In der griechischen Mythologie wurde dieser „günstige Zeitpunkt" als Gottheit personifiziert. Er wird als rasch laufender nackter Jüngling dargestellt, den Kopf kahl geschoren, nur mit einer Locke in der Stirn. Wenn der Jüngling vorbeiläuft, dann muss man ihn rasch bei der Locke packen, denn sonst kann man nirgendwo „zupacken". Daher stammt auch die Redensart: „Die Gelegenheit beim Schopfe packen".

Wie aber entscheidet man sich richtig? Im Alten Testament gibt es einen wertvollen Hinweis. Da heißt es:

Leben und Tod lege ich dir vor – du aber wähle das Leben!
DIE BIBEL, *Buch Deuteronomium, Kap. 30, Vers 19*

Ich mag die „Übersetzung" einer alten, weise gewordenen Ordensfrau: „Wenn du vor einer Entscheidung stehst und nicht weißt, wie du dich entscheiden sollst, dann wähle das, was dich lebendiger macht!" Lebendiger – damit ist nicht leichter oder glücklicher gemeint ... sondern: das Leben bewusst wahrzunehmen, mit all seinen Höhen und Tiefen. Nicht in den Alltagsroutinen zu erstarren, sondern achtsam für das Leben zu werden! Sich selbst zu spüren, den Menschen neben mir, vielleicht ... Gott.

IDEE: Gibt es in Ihrem Leben eine Entscheidung, die Sie „lebendiger" gemacht hat?
Und – woran haben Sie das gemerkt?
Und wie können Sie in diesem Zusammenhang den folgenden Satz von Albert Schweitzer (1875–1965), dem bekannten „Urwaldarzt" und Theologen, hören:

Die größte Entscheidung deines Lebens liegt darin, dass du dein Leben ändern kannst, indem du deine Geisteshaltung änderst.

Ach so, da gibt es noch einen Beipackzettel:

Wenn ich eine Entscheidung getroffen habe, muss ich hinfort nicht mit ihren Gründen, sondern mit ihren Folgen leben.
FRIEDRICH SCHWANECKE

PS: Für den Impuls morgen könnte es spannend sein, Ihre Maske/Zeichnung vom Aschermittwoch noch einmal hervorzuholen!

ENT-SCHULDIGEN

Traditionell werden in den Wochen vor Ostern in vielen Pfarrgemeinden Bußgottesdienste, Feiern der Versöhnung oder besondere Beichttermine oder –tage angeboten. Früher war sogar der Empfang der Kommunion an die vorhergehende Beichte gebunden – und das hat sich auch in vielen Modellen zur Vorbereitung auf die Erstkommunion so erhalten.

Der Begriff „Österliche Bußzeit", wie die Fastenzeit eigentlich ganz offiziell heißt, kann uns auf die entsprechende Spur führen: Wenn Ostern der Sieg des Lebens über den Tod ist, dann geht es nicht nur darum, mehr Leben einzuüben, sondern auch um die kritische Frage: Wann und wo habe ich mich am Leben verfehlt, habe ich mir und anderen Möglichkeiten des Lebens entzogen? Welche Schuld habe ich auf mich geladen, weil ich am Leben vorbei gelebt habe?

Wir sind eingeladen, darüber nachzudenken, unsere Schuld zum Ausdruck zu bringen und darum zu bitten, dass uns diese Schuld genommen wird – wir bitten um Ent-schuldigung. Dazu muss man sich manchmal erst selbst auf die Spur kommen. Und wenn Sie mögen, dann nehmen Sie doch jetzt noch einmal Ihre Maske vom Aschermittwoch zur Hand, schauen Sie sie an und lesen dann den folgenden Text:

Ich bin da vor dir, mein Gott. Ich versuche, mein Leben zu verstehen. Du kennst und verstehst mich besser, als ich mich kenne und verstehe. Vor dir darf ich ans Licht bringen, was in mir dunkel ist. Dir muss ich nichts vormachen. Ich darf meine Masken ablegen, darf endlich sein, wie ich bin, wer ich bin. Vor dir darf ich zulassen, was ich vor meinen Mitmenschen zu verbergen versuche. Vor dir darf ich annehmen, was ich sonst nicht an mir wahrhaben will. Wenn um mich herum und auch in mir Stimmen laut werden, die sagen, was nicht sein darf, gibst du dein Wort und sagst zu mir: Du darfst sein.

Du darfst sein mit all deinen Fehlern und Schwächen, mit deinem Versagen und deinen Sünden.

Gott, durch Christus hast du mich und mein Leben angenommen – und du hast mich mit all meinen Schwächen und Fehlern angenommen.

Durch Christus sagst du mir: Nimm dich an,
so wie ich dein Leben angenommen habe.

AUS DEM GESANG- UND GEBETBUCH DER
DEUTSCHSPRACHIGEN SCHWEIZ

Wenn ich erkenne, was ich falsch gemacht habe, wo ich mich versteckt habe, wann ich mich am Leben verfehlt habe, dann tut mir eine solche Zusage Gottes unendlich gut. Wenn er mich und mein Leben annimmt, dann kann auch ich mich annehmen. Und dann kann ich auch barmherzig mit anderen sein, die sich am Leben verfehlt haben:

Einmal saß ich bei einer Bahnfahrt neben einem jungen Mann, dem sichtlich etwas Schweres auf dem Herzen lastete. Schließlich rückte er dann auch damit heraus, dass er ein entlassener Sträfling und jetzt auf der Fahrt nach Hause sei. Seine Verurteilung hatte Schande über seine Angehörigen gebracht, sie hatten ihn nie im Gefängnis besucht und auch nur ganz selten geschrieben. Er hoffe trotzdem, dass sie ihm verziehen hätten. Um es ihnen aber leichter zu machen, hatte er ihnen in einem Brief vorgeschlagen, sie sollten ihm ein Zeichen geben, an dem er, wenn der Zug an der kleinen Farm vor der Stadt vorbeifuhr, sofort erkennen könne, wie sie zu ihm stünden. Hatten die Seinen ihm verziehen, so sollten sie in den Apfelbaum an der Strecke ein weißes Band anbringen. Wenn sie ihn aber nicht wieder daheim haben wollten, sollten sie gar nichts tun, dann werde er im Zug bleiben und weiterfahren, weit weg. Gott weiß, wohin. Als der Zug sich seiner Vaterstadt näherte, wurde seine Spannung so groß, dass er es nicht über sich brachte, aus dem Fenster zu schauen. Ein anderer Fahrgast tauschte den Platz mit ihm und versprach, auf den Apfelbaum zu achten.

Gleich darauf legte er dem jungen Sträfling die Hand auf den Arm. „Da ist er", flüsterte er, und Tränen standen ihm plötzlich in den Augen, „alles in Ordnung. Der ganze Baum ist voller weißer Bänder." In diesem Augenblick schwand alle Bitternis, die ein Leben vergiftet hatte. „Mir war", sagte der Mann später, „als hätt' ich ein Wunder miterlebt. Und vielleicht war's auch eines."

Wer mag – es gibt auch ein Lied zu dieser Geschichte: „Tie a Yellow Ribbon round the Ole Oak Tree" (1972).
Oder für die Älteren unter uns: Ralf Bendix sang eine deutsche Fassung unter dem Titel „Hundert bunte Bänder" (1973) – einfach im Internet mal reinhören. Dass der Häftling mal zu den Eltern, mal zu der Liebsten fährt, dass die Bänder mal weiß, mal gelb oder auch bunt sind, hängt einfach damit zusammen, dass es die Geschichte vom Baum und den Bändern in verschiedenen Variationen gibt. Die Kernbotschaft aber ist immer die gleiche:

Vergebung heißt nicht das Ja zu einer vergangenen Schuld, wohl aber das Ja zu einem Menschen mit seiner vergangenen Schuld.
OTTO HERMANN PESCH, *Theologe* (1931–2014)

DIE IDEE: für heute ist einfach, logisch, schwer ...
Bei wem möchte ich für etwas um Entschuldigung bitten?
Wem möchte ich die Schuld vergeben?
Und welche Schuld möchte ich Gott geben?
Und gibt es etwas, das ich mir neu vornehme?

ENT-SCHLÜSSELN

Aus Spionagefilmen kennen wir das: Da werden Nachrichten verschlüsselt, aus einem „Klartext" wird ein „Geheimtext". Und den kann der Empfänger nur dann lesen, wenn er ihn wieder „entschlüsselt". Inzwischen hat der Begriff auch in die moderne digitale Welt Einzug gehalten – da werden sensible Daten verschlüsselt.

Etwas Vergleichbares kennen wir auch aus unserem Alltag. Wenn man jemandem eine rote Rose schenkt, dann ist es eben nicht nur eine „rote Rose", sondern auch Ausdruck von Zuneigung und Liebe. Aber diesen passenden Schlüssel muss man eben haben und kennen, um das Zeichen auch wirklich zu verstehen.

Manche „Schlüssel" sind uns verlorengegangen, manches hat seine Bedeutung für uns verloren. Aber es spricht ja nichts dagegen, dass man sich mal wieder auf die Suche machen könnte.

Woher wüssten wir, wie wir leben sollen,
wenn wir nicht an etwas glaubten,
das größer ist als wir?
Wer würde uns lehren zu leben?
Wer sagt dem Baum, wann die Zeit kommt,
seine kleinen Blätter auszutreiben?
Wer sagt diesen Drosseln,
dass es warm geworden ist
und sie wieder nach Norden fliegen können?
Vögel und Bäume hören auf etwas,
das weiser ist als sie.
Wir sind wie die Blumen.
Wir leben und wir sterben,
und aus uns selbst wissen wir nichts.
Aber das, was größer ist als wir, lehrt uns –
lehrt uns, wie wir leben sollen.
CHIPAROPAI, *Angehörige der Yuma*

Diese Erkenntnis scheint Menschen auf der ganzen Erde miteinander zu verbinden:

Ein französischer Wissenschaftler durchstreifte die Wüste. Als Führer durch die ihm unbekannte Gegend nahm er einen jungen Einheimischen mit. Als die Sonne unterging, kniete sich der junge Mann nieder, um zu beten. „Was machst du da?", fragte der Gelehrte erstaunt.

„Ich bete." –„Zu wem?" -„Zum Höchsten." –„Zu Gott?" -„Ja." – „Hast du Gott denn jemals gesehen?" –„Nein." –„Dann bist du ein Narr!"
Als der Wissenschaftler am nächsten Morgen aus seinem Zelt kriecht, sagt er zu seinem Führer: „Hier ist heute Nacht ein Kamel gewesen."
– „Haben Sie es gesehen?""–„Nein." -„Dann sind Sie aber ein merkwürdiger Forscher! Sie glauben daran, dass das Kamel hier war, ohne es gesehen zu haben?" Der Franzose verteidigt sich: „Aber man sieht doch hier rings um das Zeit die Fußspuren des Kamels."
Kurz darauf geht die Sonne auf in ihrer Pracht. Der gläubige Mann zeigt in ihre Richtung und sagt: „Hier sehen Sie die Fußspuren des Höchsten!"
(QUELLE UNBEKANNT)

Und in der Bibel heißt es so:

Doch frag nur die Tiere, sie lehren es dich, die Vögel des Himmels, sie künden es dir. Rede zur Erde, sie wird dich lehren, die Fische des Meeres erzählen es dir. Wer von ihnen allen wüsste nicht, dass die Hand des HERRN dies gemacht hat? In seiner Hand ruht die Seele allen Lebens und jeden Menschenleibes Geist.
DIE BIBEL, Buch Hiob, Kap. 12, Verse 7–10

Wer nicht an Gott glaubt, für den mag ein Sonnenaufgang einfach ein Sonnenaufgang sein. Aber wenn wir Gott einen Platz in unserem Leben geben, wenn Ostern als Fest der Auferstehung für uns eine Bedeutung hat, dann werden wir manches mit anderen Augen sehen und deuten.

Der verstorbene Bischof von Aachen Klaus Hemmerle (1929–1994) drückte es so aus:

Ich wünsche uns Osteraugen,
die im Tod bis zum Leben,
in der Schuld bis zur Vergebung,
in der Trennung bis zur Einheit,
in den Wunden bis zur Herrlichkeit,
im Menschen bis zu Gott,
in Gott bis zum Menschen,
im Ich bis zum Du
zu sehen vermögen.

IDEE: Achten Sie heute einmal darauf, welchen Tieren Sie begegnen – Vögeln, der Stubenfliege, dem Hund vom Nachbarn, den Kühen auf der Weide ... und was könnten Sie von ihnen lernen?

5. FASTENSONNTAG

Jesus sagte: Und ich, wenn ich über die Erde erhöht bin, werde alle zu mir ziehen. Das sagte er, um anzudeuten, auf welche Weise er sterben würde.
DIE BIBEL, *Johannesevangelium, Kap. 12, Verse 32–33*

kreuz
und rosen

seine liebe zu uns
ist das kreuz
für ihn

seine liebe zu uns
sind seine schmerzen
und sein schreien

seine liebe zu uns
hat ihm
den tod gebracht

er trägt unser kreuz
er leidet unsere schmerzen
er stirbt unseren tod

damit kreuz schmerzen und tod
keine macht mehr über uns haben
geht er für uns mit uns hindurch

hin zum neuen leben
er führt uns hinaus ins weite
und er macht meine dunkelheit hell

zusammen mit ihm
kann ich zum kreuz gehen
zu meinem kreuz

und kann es anschauen
und ich ahne
es ist unser kreuz

du nimmst die kreuze
meines lebens nicht weg
aber du trägst sie mit

deine wunden
heilen
mich

und zitternd beuge ich das knie
und berühre
um berührt zu werden

und eine kleine rose
will ein zeichen
meiner liebe sein

ANDREA SCHWARZ

ENT-WAFFNEN

Das Wort kennen wir aus Berichten über Geiselnahmen oder Terrorangriffen: Wenn ich jemanden ent-waffne, dann nehme ich ihm seine Waffen weg. Natürlich kann man das wortwörtlich verstehen, aber auch dieses Wort wird zunehmend in einem übertragenen Sinn gebraucht: Da gibt es eine entwaffnende Reaktion, die mich überrascht zurücklässt, weil meine bisherigen Handlungsmuster nicht mehr greifen. Und dann bin ich gezwungen, mir etwas Neues zu überlegen.

Vor einigen Jahren habe ich erlebt, wie etwas Ungewohntes verunsichern kann: Über längere Zeit hinweg hatte ich mich regelmäßig mit einer Gruppe getroffen, jetzt stand das letzte Treffen an – und die Gruppe bedankte sich mit einem wunderschönen Blumenstrauß. Leider lag eine mehrtägige Tour quer durch Deutschland vor mir. Das würden die Blumen nicht überleben. Was also tun?

Als ich zur Tankstelle fuhr, kam mir die rettende Idee: Ich verschenke den Blumenstrauß dort einfach an jemanden. Das erwies sich aber als gar nicht so einfach. Die ersten beiden winkten nur ab, die dritte fragte, ob da was drin versteckt wäre, der vierte fragte misstrauisch, was ich dafür haben wolle – und erst die fünfte nahm die Blumen vorsichtig an sich ... die Freude hielt sich aber auch in Grenzen.

Etwas tun, womit der andere nicht rechnet, kann durchaus überraschende Reaktionen mit sich bringen. Es stört den gewohnten Ablauf. Und damit ist die Chance groß, dass der andere nicht einfach so weitermacht wie bisher, sondern zumindest innehält – und vielleicht sogar ins Nachdenken kommt. Indem man anders reagiert, als es erwartet wird, unterbricht man die vermeintlich logische Reihenfolge, dass auf A zwangsläufig B folgen muss. C oder X wären doch auch mal interessant!

Diese Erkenntnis ist weder neu noch wirklich sensationell. Jesus hat häufiger das getan, womit die Menschen nicht gerechnet haben ... und Martin, vier Jahre alt, ist ein wahrer Weltmeister darin. Als er kürzlich wieder was angestellt hatte, fragte er seinen Papa doch glatt: „Könntest du mich nicht mal mit einer Tafel Schokolade bestrafen?"

Wenn dich einer auf die rechte Wange schlägt, dann halte ihm auch die andere hin. Und wenn dich einer zwingen will, eine Meile mit ihm zu gehen, dann geh zwei mit ihm!
DIE BIBEL, *Matthäusevangelium, Kap. 5, Verse 39 und 41*

Man könnte es mit Oscar Wilde (Schriftsteller, 1854–1900) auch so sagen:
Vergib stets deinen Feinden. Nichts ärgert sie so.

Entwaffnen – das könnte heißen, mit Situationen, Problemen, Befindlichkeiten … einfach anders umzugehen. Im Englischen gibt es den schönen Ausdruck: *Leave it, change it or love it* – also verlasse die Situation, ändere sie oder entscheide dich, sie zu anzunehmen, vielleicht sogar zu lieben.

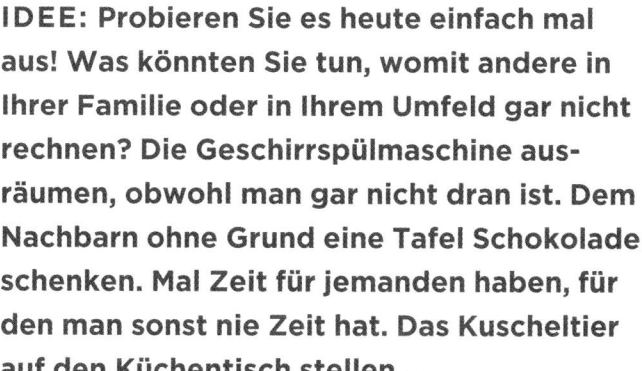

IDEE: Probieren Sie es heute einfach mal aus! Was könnten Sie tun, womit andere in Ihrer Familie oder in Ihrem Umfeld gar nicht rechnen? Die Geschirrspülmaschine ausräumen, obwohl man gar nicht dran ist. Dem Nachbarn ohne Grund eine Tafel Schokolade schenken. Mal Zeit für jemanden haben, für den man sonst nie Zeit hat. Das Kuscheltier auf den Küchentisch stellen …

Mulla Nasrudin entschloss sich, einen Blumengarten anzulegen. Er bereitete den Boden vor und pflanzte die Samen vieler wunderschöner Blumen ein. Doch als sie aufgingen, füllte sich sein Garten nicht nur mit seinen ausgewählten Blumen, sondern überall wucherte Löwenzahn. Er suchte Rat bei allen möglichen anderen Gärtnern und probierte alle bekannten Methoden aus, um den Löwenzahn loszuwerden, aber ohne Erfolg.

Schließlich ging er den ganzen Weg bis zur Hauptstadt, um beim Hofgärtner am Palast des Sheikh vorzusprechen. Der weise Mann hatte schon viele Gärtner beraten und schlug eine Vielzahl von Mitteln vor, um den Löwenzahn auszurotten, aber Mulla Nasrudin hatte sie schon alle ausprobiert.

Eine Weile saßen sie schweigend zusammen, bis am Ende der Gärtner Nasrudin anschaute und sagte: „Nun, dann schlage ich vor, du lernst, den Löwenzahn zu lieben."

SUFI-GESCHICHTE

ENT-WICKELN

Vielleicht erinnern Sie sich? „Halsschmerzen? Da machen wir einen Wickel drum!", sagte die Mutti. Das Wort hat etwas mit einem „Faserbündel" zu tun (heute sagt man ganz einfach „Tuch" dazu), das man um etwas „windet". Und wenn man das Tuch wieder abnimmt, dann entwickelt man sozusagen Lage um Lage.

Schon früh wurde es im übertragenen Sinn benutzt, im Sinne von „sich „stufenweise herausbilden" – oft im Kontext mit Kindern: „Das entwickelt sich noch!". Ach ja – und manche schaffen es hervorragend, jemanden um den kleinen Finger zu wickeln!

Die Älteren unter uns werden sich noch daran erinnern, dass früher mal Filme „entwickelt" wurden – und heute werden Produkte entwickelt. Man sucht sozusagen das Wesentliche und Eigentliche herauszuarbeiten. Und genau deshalb entwickelt sich auch jeder auf seine Art und Weise.

Als es mit Rabbi Sussja ans Sterben kam, fragten ihn seine Anhänger und Freunde: Hast du denn gar keine Angst? Rabbi Sussja gab zur Antwort: Wenn ich an all die Großen und Bedeutenden denke, an Mose und Abraham und Jeremia, den Propheten, dann wird mir schon Angst. Aber ich bin gewiss: Gott wird mich in der kommenden Welt nicht fragen: Warum bist du nicht Mose gewesen, sondern: Warum bist du nicht Sussja gewesen?

MARTIN BUBER

Entwicklung braucht Zeit. Das haben wir in der Anfangszeit der Pandemie hautnah erleben müssen, als es um einen Impfstoff gegen Corona ging. Und es gilt auch für Menschen:

Der Mensch gleicht einem Baum. Willst du dich vor einen Baum stellen und unablässig spähen, wie er wachse und um wie viel er schon gewachsen sei? Nichts wirst du sehen. Aber pflege ihn alle Zeit, beschneide, was an ihm untauglich ist, wehre seinen Schädlingen, zu guter Frist wird er groß geworden sein. So der Mensch: Es tut nur not, die Hemmnisse zu bewältigen, auf dass er zu seinem Wuchs

gedeihe; aber ungeziemlich ist es, allstündlich zu prüfen, um wie viel er schon zugenommen habe.
RABBI URI

Und man muss sich entwickeln wollen. Die meisten Menschen, auch Kinder, haben in der Regel Freude daran… da reicht oft ein wenig Unterstützung. Aber nicht alle haben immer Lust dazu.

Ein älterer Herr saß in München in der S-Bahn und fuhr stadtauswärts. Immer, wenn die nächste Station ausgerufen wurde, murrte er unverständlich etwas in seinen Bart. Mit jeder weiteren Station, die aus dem Lautsprecher angekündigt wurde, wuchsen auch sein Ärger und sein Murren, bis ihn schließlich jemand fragte, worüber er sich denn so ärgere. „Ja", sagte der Mann, „ich hätte doch vor fünf Sta-

tionen aussteigen sollen." – „Und warum taten Sie es nicht?", wollte der andere Fahrgast wissen. „Es ist so schön warm hier."
(QUELLE UNBEKANNT)

Es ist so schön warm hier … dann wäre aber die Jesus-Gemeinde in Jerusalem geblieben, und das wäre es gewesen.. Deshalb die Warnung:

Heute in zwanzig Jahren wirst du mehr enttäuscht sein über die Dinge, die du versäumt hast, als über die, die du getan hast. Also mache die Leinen los, verlass den sicheren Hafen, fang den Fahrtwind in deinen Segeln. Forsche, träume, entdecke!
MARK TWAIN, *US-amerikanischer Schriftsteller (1835–1910)*

Ent-wicklung hört übrigens nicht in einem bestimmten Alter auf! Das können alle bestätigen, die sich während der Corona-Zeiten in Skype und Zoom und was es da sonst noch alles gibt fit gemacht haben, um Kontakt mit Menschen zu halten. Und als „Frisch-Rentnerin" kann ich den folgenden Text auch nur unterstreichen:

Herr Gott, du und ich, wir haben ein Geheimnis.
Das Altwerden bringt einiges mit sich, was Spaß
    macht.
Wir müssen uns nicht mehr von der Welt plagen
    lassen.
Die Leute übersehen uns.
Wir brauchen nicht mehr den Schein zu
    wahren,
sondern können auf kindliche Freuden
    zurückgreifen:
Zusehen, wie eine Spinne ihr Netz webt.

Vor einem Licht Schattenbilder an die Wand
    werfen.
Statt einer Hauptmahlzeit Kompott mit Sahne
    essen.
Die ganze Nacht wach bleiben. Sterne zählen.
Trödeln.
Zu Hause bleiben
und mit einem alten Freund Schach spielen.
Einen verrückten Hut tragen.

Warum hast du mir nicht verraten,
dass das Altwerden neben allem,
was ich daran so hasse,
auch manches Vergnügliche mit sich bringt?
Ach, ich weiß:
Weil ich es nie geglaubt hätte.

ELISE MACLAY, *US-amerikanische Poetin*
(1925–2021)

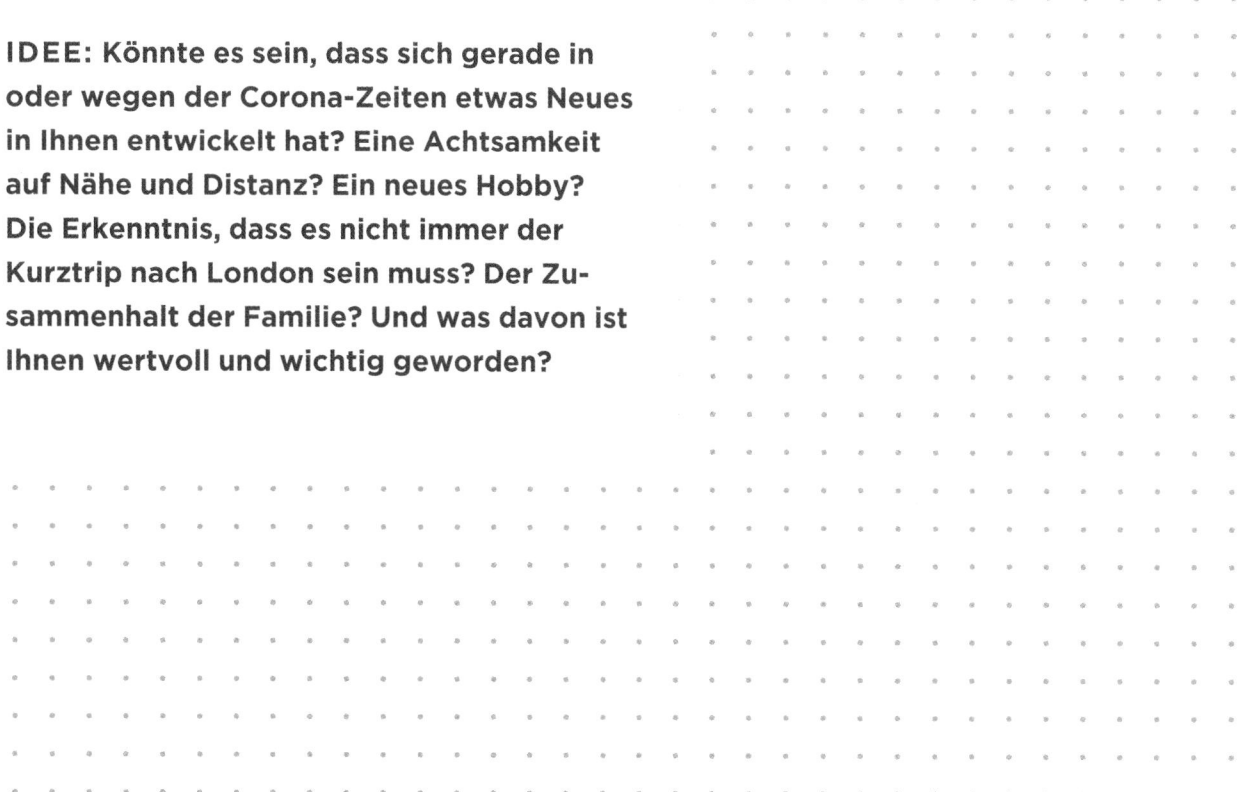

IDEE: Könnte es sein, dass sich gerade in oder wegen der Corona-Zeiten etwas Neues in Ihnen entwickelt hat? Eine Achtsamkeit auf Nähe und Distanz? Ein neues Hobby? Die Erkenntnis, dass es nicht immer der Kurztrip nach London sein muss? Der Zusammenhalt der Familie? Und was davon ist Ihnen wertvoll und wichtig geworden?

ENT-FALTEN

IDEE: Manchmal kann man sich in ein Wort besser hineinspüren, wenn man sich das Gegenteil anschaut oder gar ausprobiert. Deshalb die ganz praktische Einladung: falten!

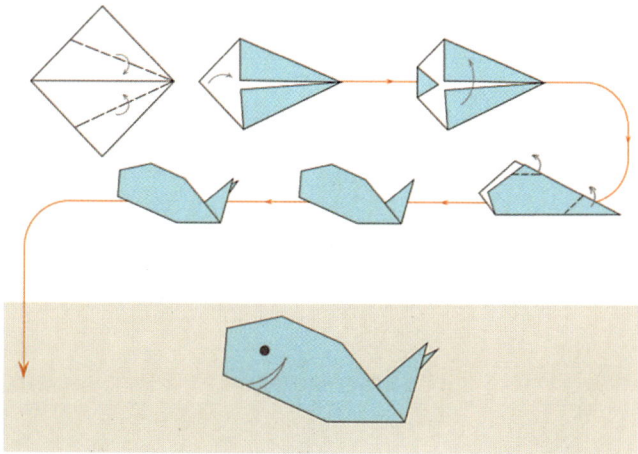

Wenn ich ein Blatt Papier falte, dann verkleinere ich es dadurch, zum Beispiel, damit es in einen Umschlag hineinpasst. Und ich mache aus etwas Geradem und Glattem irgendwie ein Gebilde – und wenn ich Glück habe, kommt dabei ein Walfisch heraus. Beim Ent-falten geht man diesen Weg sozusagen rückwärts: Aus einem Gebilde wird etwas Gerades und Glattes – und es vergrößert sich. (Nein, wenn ein echter Wal sich entfaltet, wird kein Blatt Papier daraus – zum Glück!)

Wenn Menschen sich entfalten, dann kommt etwas, was in ihnen verborgen war, vielleicht bisher nicht zum Ausdruck kommen konnte, zum Vorschein. Da gibt es „schlummernde Talente", Eigenschaften, von denen man selbst nichts ahnte, Begabungen, die sich erst im Tun erweisen. Damit sich etwas entfalten kann, braucht es manchmal einen bestimmten Raum dafür, gelegentlich einen gewissen Zeitpunkt, eine Atmosphäre, in der dies möglich ist. Wo dies nicht gewünscht oder gefördert wird, bleiben Menschen „zugefaltet". Und wenn man mit jemandem schimpft oder ihn kleinmachen will, dann heißt es umgangssprachlich auch „den falte ich zusammen!"

Und manchmal kann ich das selbst am allerbesten:

Solange ich meine schöpferischen Gaben beachtet habe, konnte ich frei beten und als Mensch wachsen. Habe ich mich jedoch an der Leugnung dieser Gaben beteiligt oder sie unterdrückt, so ging es mir schlecht. Meine Liebe zum Leben schwand. Ich betete nicht mehr. Ich wurde kleinmütig und zynisch oder trieb mich bis an den Punkt, wo ich erschöpft und ausgebrannt war. Ich litt unter Arbeitszwang, um so auszugleichen, was ich meinem schöpferischen Selbst verweigerte.
MEISTER ECKHART *zugeschrieben, Theologe und christlicher Mystiker (1260–1328)*

Das Wort „schöpfen" benutzen wir heute fast nur noch in dem Sinn „Suppe schöpfen". Ursprünglich bedeutete es aber auch „erschaffen", so wie wir es in Beziehung mit Gott noch gebrauchen: Schöpfer Gott. Damit wird die Einladung klar: „Schöpferisch sein, etwas erschaffen". Viele unserer Tätigkeiten sind nicht so besonders schöpferisch, sondern wollen einfach getan sein: putzen, Mails lesen und beantworten, Konferenzen und Gespräche, einkaufen ...

IDEE: Machen Sie heute etwas Schöpferisches, erschaffen Sie etwas Neues – vielleicht etwas, was Sie lange nicht getan haben, was Sie noch nie probiert haben, wozu Sie immer schon Lust hatten:
- **ein Bild malen**
- **ein Steinmännchen bauen**
- **ein Gedicht schreiben**
- **eine ganze Gruppe von Walen falten**
- **einen Topflappen häkeln**

Und mit einem Schmunzeln gesagt:

Wer morgens zerknittert aufwacht, hat tags-über viele Entfaltungsmöglichkeiten.

Spruch auf einer Karte

PALMSONNTAG

Jesus sagte zu den Jüngern: Geht in das Dorf, das vor euch liegt; gleich wenn ihr hinein-kommt, werdet ihr einen jungen Esel ange-bunden finden, auf dem noch nie ein Mensch gesessen hat. Bindet das Fohlen los und bringt es her!
DIE BIBEL, *Markusevangelium, Kap. 11, Vers 2*

Jesus weiß es. Nicht nur, dass im Nachbardorf ein junger Esel angebunden steht, sondern auch, was ihn in Jerusalem erwarten wird. Und er geht trotzdem.

Er geht aus Liebe zu uns Menschen. Er weiß, im Leben der Menschen gibt es dunkle Zeiten. Es gibt Krankheit und Tod, Angst und Einsamkeit, Schmerzen und Verzweiflung. Das kann und wird uns keiner wegnehmen – und jeder, der das verspricht, lügt. Es gehört zum Leben dazu. Und weil auch Jesus uns das nicht wegnehmen kann, kommt er mitten in all das hinein und stellt sich solidarisch an unsere Seite. Er nimmt Schmerzen, Verzweiflung, Tod auf sich und trägt all unsere Kreuze mit.

Die können heute viele Namen und Formen haben: die Folgen des Klimawandels, Long-Covid, die Verwüstungen des Hochwassers im Ahrtal, aber auch Vernachlässigung, Einsamkeit, Krankheit, häusliche Gewalt, Missbrauch ...

Jesus weiß es. Und er trägt all das mit uns. Er ist an unserer Seite. Er selbst steigt in das Reich des Todes hinab, um uns nahe zu sein. Um uns zu sagen: Wegnehmen kann ich euch all das nicht – aber ich bin da. So wie es Gott den Menschen seit Jahrtausenden schon versprochen hat: Ich bin der „ich-bin-da"!

Diese Zusage löst Jesus jetzt ein. Er geht mit in all das Dunkel und Chaos hinein. Er nimmt es auf sich, um bei uns zu sein.

Das allein wäre schon viel. Aber er gibt sich damit nicht zufrieden. Er geht mit und geht uns zugleich voraus. Er wird uns zeigen, dass der Tod nicht das letzte Wort hat, sondern das letzte Wort hat immer die Liebe. Das letzte Wort wird das Leben haben.

Das aber glaub ich nur einem, der auch den Tod kennt.

Der Herr zieht mit

Er ist schon da!

Der dich getragen, geprägt, geführt

und befreit hat.

Er ist schon dort.

Geh mit ihm.

Erfahr ihn, wie du es nie geglaubt.

Er ist schon dort.

Der dich in Ungeahntes, Neues führt.

Er ist schon dort.

Geh – du bist nicht verlassen.

BERNHARD VON CLAIRVAUX *zugeschrieben,*
Kirchenlehrer (1090–1153)

KARFREITAG

Haben Sie schon einmal den Namen Carlos Arrendondo gehört? Ein Mann, dessen Leben das Thema „Tod" durchzieht. 2004 verliert er seinen Sohn im Irak-Krieg. Als ihm die Nachricht überbracht wird, versucht er sich selbst zu töten und erleidet 26% Verbrennungen am eigenen Körper. 2011 bringt sich sein anderer Sohn um, der seit dem Tod des Bruders unter

Depressionen litt. Und Carlos? Er entscheidet sich, dass er den Rest seines Lebens für das Leben eintreten wird. 15. April 2013 – zwei Bomben explodieren beim Bostoner Marathon. Menschen schreien, rennen weg, einer aber scheint in das Chaos hineinzurennen. Carlos hilft Verletzten, bringt sie in Sicherheit, unter anderem einen jungen Mann, der beide Beine in dem Anschlag verliert. Ein Held? Ja. Und ein Mensch, der bereit ist, sein Leben für andere zu geben.

Und wie steht es mit dem Namen: Anas Al-Bascha? Er ist ein junger Mann, der sich der Kriegswirren und Gefahren im syrischen Aleppo von 2016 voll bewusst ist. Er entzieht sich dem Ort nicht, sondern bleibt in der Stadt und bricht auf, um winzige Samen der Hoffnung in der „Hölle" von Ost-Aleppo zu streuen. Als „Clown von Aleppo" bringt er traumatisierte Kinder zum Lachen, bis er selbst bei einem Luftangriff ums Leben kommt. Solche und andere Menschen leben die Worte, die Jesus beim letzten Abendmahl seinen Freunden mitgibt:

Es gibt keine größere Liebe, als wenn einer sein Leben für seine Freunde hingibt.
DIE BIBEL, *Johannesevangelium, Kap. 15, Vers 18*

Sein Leben geben. Als ultimativer Liebesbeweis. Das hört sich leichter an, als es ist. Sein Tod am Kreuz zieht auch Jesus in die tiefsten Abgründe menschlichen Leidens. Das verlangt von ihm alles ab, denn er lässt sich auch für die Freunde kreuzigen, die ihn längst verlassen, ja, sogar verraten haben. „*Ecce homo* – siehe, der Mensch", einer, der sich haltlosen Anschuldigungen ausgesetzt sieht, der verlacht, verspottet, ja, gedemütigt wird, dem tiefe Wunden zugefügt werden ... der Mensch, der in seinen Qualen ruft: „Mich dürstet" und seine einsamste Verlassenheit der dunklen Seelennacht hinausschreit: „Mein Gott, mein Gott, warum hast du mich verlassen?"

So weit kann Liebe gehen – und kostet gegebenenfalls das Leben!

Jesus gibt sein Leben auch für mich, für uns hin. Mit seinem Kreuz nimmt er all unsere Kreuze auf sich, eine Last, die ihn zusammenbrechen lässt. Mit seinem Leiden stellt er sich an die Seite aller Leidenden. Er lässt sich zerbrechen für die Zerbrochenen. Er trägt uns, wenn wir nicht mehr können. Und eines Tages wird er uns heimbringen.

Unsere Brüche
Unsere Ängste
Ungeschminkte Wahrheit einer wenig heilen Welt

Im Hier und Heute auf der via dolorosa –
Menschen
unter der Last des Lebens zerbrochen
„aufs Kreuz gelegt"
festgenagelt durch
ihre Vergangenheit
ihre Gespaltenheit
ihre Zerrissenheit

Jesu Herz schlägt für alle – vor allem
für die Gescheiterten unserer Zeit
für die Gebrochenen unserer Realitäten
für die Gestrauchelten unserer Tage
für die voll Leid Rufenden dieser Corona-Krise

Ist das „von Fall zu Fall ... verschieden"?
Nein, ER trägt alle – dich und mich, Sie und euch!

ULRIKE DIEKMANN CPS

Jesus und sein ultimativer Liebesbeweis für uns alle. Und irgendwie schwingen im Raum des Glaubens die Worte mit: *„Ich habe euch ein Beispiel gegeben, damit auch ihr so handelt…"* Diese Worte Jesu während der Fußwaschung fordern uns immer wieder auf, so wie er zu handeln.

Aus Liebe sein Leben geben … das grenzt fast an eine Überforderung. Sich selbst, alle eigenen Wünsche und Träume hintanstellen, um anderen zum Leben zu verhelfen? Alles geben, um das Leben anderer zu schützen und zu wahren? Sich auf die Seite derer stellen, die nicht mehr können, weil Last und Sorge, Schmerz und Leid zu viel werden? Sich aus der Rolle der Zuschauer herauswagen, um als Akteure konstruktiv dem Destruktiven entgegenzutreten? Sich zur Stimme für die „Sprachlosen" machen, um ihnen endlich Gehör zu verschaffen?

Das können nicht nur Heilige wie Edith Stein, die auf dem Weg in die Gaskammer von Auschwitz zu ihrer Schwester sagt: „Komm, wir gehen für unser Volk!", oder wie Maximilian Kolbe, der sich als Ersatz für einen Familienvater anbietet und so den Tod im Hungerbunker auf sich nimmt. Das sind nicht nur die „ganz großen Dinge", sondern viele kleine und manchmal größere Taten mitten in unserem Alltag, im Büro, auf dem Sportplatz, in der Familie, in der Gemeinde, beim Stammtisch. Das geschieht immer dann, wenn Menschen aus Mitmenschlichkeit, Nächstenliebe und Empathie heraus für andere etwas wagen und sich einsetzen.

Und wir können das tun, weil wir wissen: Jesus ist an unserer Seite.

Es gibt keine größere Kraft als die Liebe.
Sie überwindet den Hass wie das Licht die
Finsternis.
MARTIN LUTHER KING, *Pastor und*
Bürgerrechtskämpfer (1929–1968)

OSTERN
ENT-DECKEN

Ungehaltene Rede
eines ungehaltenen Mannes

Diese Tage sind vorbei, meine Freunde. Sie waren schwer. Schwer für euch. Ganz öffentlich oder im Stillen habt ihr gezeigt: ihr habt den Glauben an mich verloren. Alle meine Worte, alle meine Taten wurden fragwürdig vor euch. Ich sah euch eure Zweifel an aus meinen geschwollenen Augen, unter meinem brennenden Schweiß, unter meinem klebrigen Blut.
Die Tage waren schwer. Schwer für mich. Alle meine Worte, alle meine Taten – ob Gott, mein Vater, mich doch nicht dazu gesandt hat? Lässt er mich allein? Verlässt er mich? Sterbe ich und das war's?

Ich sehe wieder. Ich lebe. Warum bin ich in einem Grab? Ich gehöre hier nicht her. Einen Tag lang habe ich hier geruht. Jetzt muss ich hier heraus und mein Vater wird mich herausholen. Darauf vertraue ich; meine eigenen Zweifel lasse ich im Grab zurück.

Ich bin nicht zu halten. Ihr verpackt mich nicht mehr hinter einen Stein. Ihr werdet sehen, dass der Stein rollt, fließt, licht wird, nicht mehr von Bedeutung ist. Ich sehe es von hier aus. Wir werden zueinander finden. Ich gehe auf euch zu. Ich gehe euch voran. Ich sehe schon den Himmel.
Wen von euch darf ich noch vermuten, da hinten, auf der anderen Seite? Maria, bist du da? Mutter? Petrus? Johannes? Sucht mich und ich suche euch. Wir werden uns sehen.

Es wird euer Schicksal werden: Immer wieder werdet ihr an mir zweifeln. Immer wieder wird es so schwere Tage geben. Immer wieder werdet ihr mich in eine sichere Felshöhle packen und dort einsperren wollen, einmal, weil ich euch zu unbequem bin, einmal, weil ihr ohne mich auskommen wollt, weil ich sterben soll und das war's. Ihr werdet Sorgen haben, die es euch unmöglich machen, an mich als Gottessohn zu glauben, Nöte, die Steine zwischen uns legen. Aber meine Sehnsucht bleibt, nach euch und nach dem Leben mit euch. Ich will immer hier herauskommen. Mein Vater wird mir helfen, das weiß ich. Wen darf ich dann da noch vermuten, da hinten, auf der anderen Seite? Gerti? Ludwig? Oder dich?
Sucht mich und ich suche euch. Wir werden uns sehen.

ANGELA M. T. REINDERS

Ostern – und damit endet unsere Ent-deckertour. Oder fängt sie vielleicht jetzt erst richtig an?

Möglicherweise waren die letzten Wochen eine Einladung für Sie, etwas bewusster zu leben, das Leben wahrzunehmen, lebendiger zu werden. Das Leben ist schon längst da – aber ist manchmal zugedeckt von all dem Umtrieb, den Terminen, der Arbeit, dem Lärm. Es wäre schön, wenn die Impulse unserer gemeinsamen Tour Ihnen ein wenig Lust gemacht haben, diese Decke, die manchmal über dem Leben liegt, etwas anzuheben – das Leben zu ent-decken. Dazu braucht es nicht viel:

Sobald wir auf das horchen, was vor sich geht, kann alles zum Gebet werden … Als ich in die Einsiedelei ging, war es für mich etwas vom Besten, ganz achtsam zu werden für die Tageszeiten: wann die Vögel zu singen begannen, der Hirsch aus dem Morgennebel auftauchte, die Sonne aufging.
Dass wir uns keine Zeit nehmen, liegt an dem Gefühl, ständig in Bewegung bleiben zu müssen. Das ist eine echte Krankheit. Wir leben in der Fülle der Zeit. Jeder Moment ist Gottes eigene gute Zeit, sein Kairos. Letztlich läuft die ganze Sache darauf hinaus, uns im Gebet nicht zuzumachen für die Entdeckung, dass wir längst haben, was wir suchen. Wir brauchen nicht hinterher zu hetzen. Es war schon die ganze Zeit da, und wenn wir ihm Zeit geben, wird es sich uns erschließen.
THOMAS MERTON, *Trappistenmönch und geistlicher Schriftsteller (1915–1968)*

In dem Sinn – gesegnete Ostern, viel Auferstehung und ganz viel Leben!

GEBRAUCHSANWEISUNG – ODER WIE MAN AUS IMPULSEN EINEN GEISTLICHEN WEG MACHEN KANN

Natürlich kann man die Impulse einfach nur lesen – und auf sich wirken lassen. Und dann können Sie dieses Kapitel ruhig ignorieren.

Aber wenn Sie sich alleine oder mit anderen auf einen „geistlichen Weg" machen möchten, die Impulse als Gebetszeit gestalten wollen, dann kann ein entsprechender „Rahmen" hilfreich sein. Und eigentlich kennen wir das ja aus unserem Leben: Den 50. Geburtstag oder die Silberhochzeit feiern wir nicht grad in der Pommes-Bude nebendran, sondern suchen ein schönes Restaurant dafür aus – oder überlegen, wie wir den Tag so gestalten können, dass er dem Anlass entspricht.

Falls Sie eventuell an „mehr" interessiert sein sollten, dann lohnt sich vielleicht ein Blick in die folgenden Seiten. Da gibt es nämlich ein paar Ideen und Vorschläge, wie man den Impulsen einen entsprechenden Rahmen geben könnte.

Entscheiden Sie es so, wie es für Sie im Moment am besten passt. Beides geht – nur „mischen" würden wir nicht empfehlen, also einen Tag so, am anderen Tag anders. Der „Rahmen" macht nur dann Sinn, wenn er als gleichbleibendes Element die Konstante bildet, mit der dann Neues und Anderes möglich wird. Möglicherweise passt eine so intensive Form im Moment nicht für Sie – alles gut. Dann nehmen Sie eben „nur" die Impulse – und heben sich den „Weg" für irgendwann mal auf, wenn Sie ein wenig mehr Zeit und Kraft dafür haben. Andersherum ist es, zugegeben, einfacher: Wenn man jetzt den Weg geht, kann man anschließend immer noch auf die Impulse zurückgreifen.

Aber es ist eine alte biblische Weisheit: *„Alles hat seine Stunde. Für alles Geschehen unter dem Himmel gibt es eine bestimmte Zeit"* (Die Bibel, Buch Kohelet, Kap. 3, Vers 1).

Schauen Sie einfach, wofür es jetzt für Sie an der Zeit ist.

BEWUSST BEGINNEN

Es kann helfen, einen guten Anfang zu setzen und nicht einfach so in den Impuls „hineinzurutschen". Das könnte zum Beispiel so aussehen, dass Sie bewusst Ihren Platz einnehmen, eine Kerze anzünden, vielleicht das Kreuzzeichen machen, einfach still werden oder ein Gebet sprechen. Dabei kann es helfen, das Gebet laut zu sprechen, dort innezuhalten, wo mich etwas berührt, die Worte „nachschmecken" …

Solche Gebete könnten sein:

Hier bin ich

Hier bin ich Gott, vor dir, so wie ich bin –
mit meiner Sehnsucht, meiner Hoffnung,
meiner Freude,
meinem Ärger, meiner Müdigkeit ...
Hilf mir zu sehen, was du mir zeigen möchtest,
zu hören, was du mir sagen möchtest,
zu spüren, dass du mit mir gehst und bei mir
bleibst.
So bin ich jetzt vor dir.
DAG HAMMARSKJÖLD, *Generalsekretär*
der Vereinten Nationen (1905–1961)

oder:

In allen Dingen

Gott, öffne meine Sinne,
dass ich das Leben
sehe, höre, spüre, rieche, schmecke,
wie es ist.
Lass mich darin
deine Gegenwart erfahren
und immer mehr
„dich finden in allen Dingen"
NACH IGNATIUS VON LOYOLA

oder:

den Tag
beginnen
mit dem Lob
deines Namens

den Morgen
atmen
und
mich neu verlieben

in das Geschenk
dieses Tages
mich neu verlieren
in dir

mich finden
auf der Suche
und Frieden
zieht ein

mein Tag
ist dein
nichts wird geschehen
was du nicht willst

ich kann
loslassen
vertraue mich
dir an

ich bin
dein
sei du
mit mir

ANDREA SCHWARZ

Oder vielleicht haben Sie selbst ein Gebet,
das Ihnen wichtig und wertvoll ist?

Mit dem Anfangsgebet lasse ich mich auf den Impuls ein. Ich lasse die Stille in mir wachsen, indem ich mich zunehmend von außen nach innen wende, in mich hineinhöre, die Geräusche um mich herum wahrnehme, aber vorbeiziehen lasse, meine Gedanken kommen und gehen lasse. Eventuell kann es hilfreich sein, die Augen zu schließen. Ich nehme mich wahr, wie ich sitze, wie ich Kontakt mit dem Stuhl oder dem Hocker und dem Erdboden habe, wie mein Atem geht. Ich mache mir bewusst, dass ich jetzt da bin, dass ich Zeit für mich und für Gott habe. Wenn mir etwas ganz Wichtiges einfällt, was ich auf keinen Fall vergessen will, schreibe ich es kurz auf – und wende mich dann wieder mir zu. Ich versuche, alles sein zu lassen.

Wenn ich unruhig werde, weil ich die Stille schwer aushalte, dann nehme ich diese Unruhe einfach wahr, auch sie darf sein, ist ein Teil von mir. Es kann helfen, mit meiner Unruhe kurz „ins Gespräch zu kommen": „Ja, ich weiß, du bist auch da, ich habe dich wahrgenommen. Warte einfach ein bisschen, jetzt darfst auch du zur Ruhe kommen."

Wenn dein Herz wandert,
bring es behutsam an seinen Platz zurück,
und versetze es sanft
in die Gegenwart deines Herrn.
Und selbst, wenn du in deinem Leben nichts
anderes getan hast,
außer dein Herz zurückzubringen
und wieder in die Gegenwart unseres Herrn
zu versetzen,
obwohl es dir jedes Mal wieder fortlief,
nachdem du es zurückgeholt hattest,
dann hast du dein Leben wohl erfüllt.
FRANZ VON SALES, *Mystiker und Kirchenlehrer (1567–1622)*

Ich darf einfach da sein – ich muss nichts leisten. Ich darf einfach so sein, wie ich bin.
Wenn ich das Gefühl habe, dass es jetzt für mich stimmt, mich auf den Impuls einzulassen, nehme ich den entsprechenden Text zur Hand.

BEWUSST BEENDEN

Hilfreich ist es sicher auch, wenn Sie für sich ein Ritual finden können, wie Sie Ihre „Impulszeit" abschließen möchten. Das muss nichts Großes sein. Vielleicht möchten Sie noch einen Gedanken oder eine Idee aufschreiben, dann bewusst den Impuls zur Seite legen, einen Moment still werden – und vielleicht einen Satz oder eine Frage Gott als Ihr Gebet geben. Manchmal mag ein Vaterunser passen – oder eventuell auch nur ein Kreuzzeichen.
Martin Luther hat eine passende Empfehlung:

*Als dann mit Freuden an dein Werk gegangen und etwa ein Lied gesungen
oder was dir deine Andacht eingibt.*

TAGESABSCHLUSS

Es kann sein, dass Sie während dieser Tage Lust daran bekommen, den Tag sehr bewusst vor dem Schlafengehen zu beschließen. Das kann Ihren Weg in dieser Zeit durchaus positiv unterstützen. Auch hier bieten sich mehrere Alternativen an, je nach Ihren persönlichen Möglichkeiten.

1. Ich mache das Kreuzzeichen und mache mir die Nähe Gottes bewusst. Ich überlege, wofür ich Gott an diesem Tag besonders danken will, bitte um seinen Schutz in der kommenden Nacht und schließe mit dem Vaterunser und dem Kreuzzeichen.

2. Ich nehme mir etwas mehr Zeit und lasse nach dem Kreuzzeichen den Tag noch mal Revue passieren, lese eventuell auch noch einmal die Texte des Impulses und notiere mir einige Gedanken oder Fragen des heutigen Tages. Wie hat der Impuls meinen Tag geprägt? Daraus formuliere ich ein freies Gebet oder bleibe einige Minuten in der Stille, um dann mit dem Vaterunser und dem Kreuzzeichen den Tag zu beschließen.

3. Das klassische Nachtgebet der Kirche ist die Komplet als Teil des Stundengebetes. Wer sich einmal in den Reichtum dieses Gebetsschatzes „hineingebetet" hat, dem werden die Texte und Psalmen dieser Gebetszeit zu vertrauten Weggefährten. Die Komplet finden Sie im Gotteslob Nr. 662 mit den entsprechenden Querverweisen und auch unter „Stundenbuch online" im Internet. In die Komplet kann man eine Gewissenserforschung (einen Tagesrückblick) integrieren.

4. Ich bete ein Abendgebet oder ein Abendlied (Gotteslob Nr. 89–102) oder eines der Gebete auf den folgenden Seiten.

Grundsätzlich gilt auch für den Tagesabschluss, sofern Sie ihn machen möchten, die Empfehlung: Nicht jeden Tag etwas Neues ausprobieren, sondern sich für eine Form entscheiden und die für eine gewisse Zeit beibehalten.

Bleibe bei uns

Bleibe bei uns, Herr,
denn es will Abend werden,
und der Tag hat sich geneigt.
Bleibe bei uns
und bei deiner ganzen Kirche.
Bleibe bei uns
am Abend des Tages,
am Abend des Lebens,
am Abend der Welt.
Bleibe bei uns
mit deiner Gnade und Güte,
mit deinem heiligen Wort und Sakrament,
mit deinem Trost und Segen.
Bleibe bei uns, wenn über uns kommt
die Nacht der Trübsal und Angst,
die Nacht des Zweifels und der Anfechtung,
die Nacht des bitteren Todes.

Bleibe bei uns
und bei allen deinen Gläubigen
in Zeit und Ewigkeit.
GEORG CHRISTIAN DIEFENBACH
(1822–1901)

Luthers Abendsegen

Des Abends, wenn du zu Bett gehst,
kannst du dich segnen mit dem Zeichen
des heiligen Kreuzes und sagen:

Das walte Gott Vater, Sohn und Heiliger Geist!
Amen.

Darauf kniend oder stehend das Glaubens-
bekenntnis und das Vaterunser. Willst du, so
kannst du dies Gebet dazu sprechen:
Ich danke dir, mein himmlischer Vater,
durch Jesus Christus, deinen lieben Sohn,
dass du mich diesen Tag
gnädiglich behütet hast,
und bitte dich,
du wollest mir vergeben alle meine Sünde,
wo ich Unrecht getan habe,
und mich diese Nacht auch gnädiglich behüten.

Denn ich befehle mich, meinen Leib und Seele
und alles in deine Hände.
Dein heiliger Engel sei mit mir,
dass der böse Feind keine Macht an mir finde.

Alsdann flugs und fröhlich geschlafen.

MARTIN LUTHER

Dieser Tag

Haben wir diesen Tag gelebt, Herr, wie es dir
gefällt?
Sind wir geduldig, schlicht und liebevoll
gewesen?
Haben wir jenen genug Zeit gegeben, die zu uns
kamen?
Haben wir ihre Hoffnung beantwortet, wenn sie
fragten?
Haben wir sie umarmt, wenn sie weinten?
Haben wir sie zärtlich aufgemuntert, bis ihr
Lachen wieder da war?
Haben wir in all ihren Leiden gebetet?
Haben wir Blumen gegeben mit dem Brot?
Haben wir deine Freude zum Blühen gebracht?
Sind wir unseren Geschwistern immer
Schwester und Bruder gewesen?
Wenn das alles nicht so war, Herr, verzeihe
uns.
Und selbst wenn es so war, es genügt nicht.

Umgib uns jeden Tag mit mehr Liebe,
Herr, bis zum großen Licht deiner
Unendlichkeit.

ABENDGEBET DER KLEINEN BRÜDER
UND SCHWESTERN VON CHARLES DE
FOUCAULD

Hier bin ich

Gott,
hier bin ich –
aber meine Gedanken sind noch
in dem Tag
den ich heute gelebt habe.
Hier bin ich,
Gott,
und möchte so gerne ruhig werden –
aber noch ist Unruhe in mir.
Hier bin ich,
Gott,
und möchte gerne beten –
aber ich finde keine Worte.
Hier bin ich,
Gott,
und möchte auf dich hören –
aber in mir ist noch so viel Lärm.

Gott,
hier bin ich mit meinem Tag,
den ich heute gelebt habe,
mit der Unruhe in mir,
mit meiner Sprachlosigkeit,
mit dem Lärm in mir,
der die Ohren taub macht.
Du nimmst mich an,
so wie ich bin.
Gott,
hier bin ich.
ANDREA SCHWARZ

Oder haben Sie vielleicht ein anderes Gebet,
mit dem Sie den Tag abschließen mögen?

WIE DIESES BUCH ENTSTAND – DIE VORGESCHICHTE

Am Anfang war Corona, eine kleine Gruppe – und ein Nichts.

Für diese Gruppe suchten wir, Sr. Ulrike Diekmann und Andrea Schwarz, im Januar 2021 Impulse für die Fastenzeit, um gemeinsam auf Ostern zuzugehen – und fanden: nichts. Mal waren uns die vorgesehenen Texte zu abgehoben, dann wieder war es zu viel an Material. Da waren zu viel Körperübungen vorgesehen, anderes wirkte altbacken und wenig frisch. Und

dann die verrückte Idee: Wir machen selbst was! Je einen Impuls für zwei Tage während der Woche und immer einen für die Sonn- und Feiertage. Und die verschicken wir per Mail – und treffen uns wöchentlich zum Austausch per Video-Konferenz! Auch der rote Faden war schnell klar: Verben, die mit „ent-" anfangen! Die damit verbundene Mühe schreckte uns nicht, coronabedingt wurden sowieso grad viele Veranstaltungen und Kurse abgesagt, Zeit hatten wir also. Aber wenn man sich schon die Arbeit macht, dann könnte man ja auch fragen, ob noch andere daran Interesse haben. Und so gaben wir diese Information als Einladung weiter, auch wenn wir bewusst darauf verzichteten, in Kirchenzeitungen oder im Internet dafür zu werben. Und das war wohl ganz gut so … Innerhalb von zehn Tagen hatten sich über 520 Teilnehmer und Teilnehmerinnen, katholisch, evangelisch, aus ganz Deutschland, der

Schweiz und Luxemburg angemeldet. In mehreren Pfarrgemeinden wurden die Impulse an Gruppen weitergeleitet, die sich extra für dieses Projekt gefunden hatten, andere übernahmen den Dienst des Verteilens für ihren Treff junger Frauen oder den Familienkreis oder einfach für einige Freunde und Bekannte. Für diese Unterstützung sind wir heute noch unendlich dankbar – denn wir stießen an technische Grenzen und mussten regelrecht einen „Anmeldestopp" setzen. Und zu dem Zeitpunkt waren ja noch nicht einmal alle Impulse erarbeitet! Dieses große Interesse hat uns sehr ermutigt – und wir beide bekamen selbst richtig Spaß an der Sache! Jede von uns suchte Texte nach der Devise: möglichst frisch, möglichst unbekannt, möglichst rechtefrei. Andrea schrieb in der Regel die Ein- und Überleitungen, Ulrike suchte nach Fotos und managte das gesamte Lay-Out – und gemeinsam überlegten wir, welche Aktivität zu dem Impuls passen könnte. Und so waren in der Fastenzeit 2021 über 500 Teilnehmer und Teilnehmerinnen mit diesen Impulsen gemeinsam auf Entdeckertour unterwegs! Die Rückmeldungen von vielen und auch konkrete Anfragen nach einer Veröffentlichung in Buchform haben uns dann veranlasst, diese Texte dem Patmos Verlag anzubieten. Danke an dieser Stelle dem Verlag und dem Lektor Dr. Ulrich Sander, dass sie sich auf dieses Projekt eingelassen haben!

Für das Buch wurden die Impulse geringfügig überarbeitet, indem beispielsweise die zu der Zeit aktuellen Corona-Bezüge durch neutrale Formulierungen ersetzt wurden. Und auch die Fotos und die grafische Gestaltung wurden angepasst, wenn wir auch Wert darauf gelegt haben, dass die entsprechende Grundaussage erhalten bleibt.

Und so werden diese Gedanken, Ideen und Impulse, die aus dem Zusammenspiel von Corona, einer kleinen Gruppe und einem „Nichts" entstanden, nun weiter ihren Weg gehen ... und hoffentlich noch viele Menschen dazu anstiften, das Leben zu ent-decken!

Andrea Schwarz
Sr. Ulrike Diekmann cps

QUELLENVERZEICHNIS

S. 12: Zit. nach Tobias Brocher, Von der Schwierigkeit zu lieben, Stuttgart 1975, in späteren Internet-Beiträgen einem Charles C. Finn zugeschrieben.

S. 25f.: Joop Roeland (1931–2010), „Wo Gott wohnt", aus: ders., an orten gewesen sein. Texte zum Weitergehen, Salzburg / Feldkirch: Otto Müller Verlag / Verlag Die Quelle 1999.

S. 27: Die Informationen zur Bedeutung des Wortes „ent-rümpeln" sind dem Duden-Herkunftswörterbuch entnommen (das uns überhaupt sehr bei den Impulsen geholfen hat).

S. 32: Der Impuls „ent-sorgen" geht zurück auf den Text „Café Sorgenfrei" – leicht überarbeitet aus: Andrea Schwarz, Leben – was sonst! 365 Entdeckungen, Patmos Verlag, Verlagsgruppe Patmos der Schwabenverlag AG, Ostfildern 2020, 234 (3. August).

S. 37: Der Impuls zum 2. Fastensonntag geht zurück auf den Text „Grenzen überschreiten" – leicht überarbeitet aus: Andrea Schwarz, Leben – was sonst! 365 Entdeckungen, Patmos Verlag, Verlagsgruppe Patmos der Schwabenverlag AG, Ostfildern 2020, 97 (26. März).

S. 44: Der mit „Worte der Liebe" überschriebene Text ist zit. nach Karl Rahner, Warum Beten manchmal schwerfällt – und was daran gut ist, Matthias Grünewald Verlag, Verlagsgruppe Patmos der Schwabenverlag AG, Ostfildern 2020, 73f. (aus: „Von der Not und dem Segen des Gebets", in: Sämtliche Werke 7, 39–116, 116) © Deutsche Region der Jesuiten, München.

S. 45: Der erste Teil des Impulses „ent-schleunigen" geht zurück auf den Text „Langsamer gehen" – leicht überarbeitet aus: Andrea Schwarz, Wilde Weihnachten. Das andere Lesebuch zur Advents- und Weihnachtszeit, Patmos Verlag, Verlagsgruppe Patmos der Schwabenverlag AG, Ostfildern 3. Aufl. 2021, 108 (3. Januar).

S. 54f.: Das Gedicht „Love: I love you not only for what you are" wurde 1936 in einer Anthologie unter dem Autorennamen (Pseudonym) „Roy Croft" veröffentlicht. Die Herausgeberin der Anthologie „Best Loved Poems of American People", Hazel Felleman, korrigierte später die Autorschaft zu Mary Carolyn Davies, geb. 1888 in Sprague/Washington. Über deren Tod in New York liegen keine Aufzeichnungen vor. Das Todesjahr ist vermutet. Die deutsche Übersetzung ist von Sr. Ulrike Diekmann cps und Andrea Schwarz.

S. 71: Der Impuls zum 4. Fastensonntag geht zurück auf den Text „Hier und jetzt!" von Andrea Schwarz, veröffentlicht im Stammteil der Kirchenzeitungen der Verlagsgruppe Bistumspresse, geringfügig überarbeitet, und auf den Text „fragen" in: Andrea Schwarz, Wie ein Gebet sei mein Leben. Ein Impuls-Tage-Buch zum Lesen und Schreiben, Patmos Verlag, Verlagsgruppe Patmos in der Schwabenverlag AG, Ostfildern 2020, 42–44.

S. 73: Das Zitat von Hubertus Halbfas ist aus: ders., Hubertus Halbfas, Der Sprung in den Brunnen – eine Gebetsschule, Ostfildern 2016 © Patmos Verlag in der Verlagsgruppe Patmos der Schwabenverlag AG, Ostfildern, 19. Aufl. 2016.

S. 74: Das Zitat von Rilke ist aus seinem Band „Briefe an einen jungen Dichter" (1929), Brief vom 16.7.1903.

S. 76: Das Gedicht von Christian Morgenstern „Der Esel des Buridan oder Die zwei Heubündel" ist veröffentlicht in: ders., Galgenlieder, Berlin 1905.

S. 81f.: Die Geschichte des Häftlings wurde erstmal veröffentlicht in einem US-amerikanischen Buch zur Gefängnisreform des Richters William Curtis Bok (1905).

S. 84: Zum Text von Chiparopai vgl. The Indians' Book. An Offering by the American Indians. Recorded and edited by Natalie Curtis (1905).

S. 86: Der Text von Klaus Hemmerle ist zitiert nach: ders., Hirtenbriefe, hg. von Karlheinz Collas, Aachen 1994, 113.

S. 90: Der erste Teil des Impulses „ent-waffnen" geht zurück auf den Text „Überraschend anders" in: Andrea Schwarz, Leben – was sonst. 365 Entdeckungen, Patmos Verlag, Verlagsgruppe Patmos in der Schwabenverlag AG, Ostfildern 2020, 191 (23. Juni).

S. 112f.: Angela M. T. Reinders, „Ungehaltene Rede eines ungehaltenen Mannes", erstveröffentlicht als meditativer Text für den Pfarr- und Gemeindebrief Passion/Ostern im Bergmoser + Höller Verlag, Aachen (2001), www.buhv.de © Angela M. T. Reinders.

S. 115: Der Text „Gebrauchsanweisung – oder wie man aus Impulsen einen geistlichen Weg machen kann" ist entnommen aus: Andrea Schwarz, Wie ein Gebet sei mein Leben. Ein Impuls-Tage-Buch zum Lesen und Schreiben, Patmos Verlag, Verlagsgruppe Patmos in der Schwabenverlag AG, Ostfildern 2020. Er wurde für diesen Band geringfügig überarbeitet.

Trotz der Bemühungen von Autorinnen und Verlag, für alle zitierten Texte Quellen und Rechteinhaber:innen zu klären, konnten diese nicht für alle Texte ermittelt werden. Für den Fall, dass berechtigte Urheberansprüche bestehen, wird der Verlag den Abdruck nachträglich entgelten.

ZU DEN ABBILDUNGEN

S. 11: Valentina Photos, S. 19: Altin Osmanaj, S. 20: Alek-Sa, S. 23: nomadkate, S. 27: NT_Studio, S. 32: Ingrid Maasik, S. 37: Ake13bk, S. 40: Dmitri Disterheft, S. 45: Michael Derrer Fuchs, S. 48: suphanat, S. 54: Anton Watman, S. 57: i_photos, S. 62: dr.salama.photography, S. 66: Goodvibes Photo, S. 71: sezer66, S. 75: Mongkhon Pookpun, S. 79: Aleksandr Petrunovskyi, S. 83: ISMAIL10, S. 87: Goran Horvat – Pixabay, S. 90: Tatiana_Pink, S. 94: Svitlana Hulko, S. 99: Anton_dios, S. 103: Galyna Andrushko, S. 106: Gerhard Tagwerker, „Christus trägt den Menschen", Relief am Bischofshaus in Rottenburg. Foto: © SMK/Eckhard Raabe. Mit freundlicher Erlaubnis, S. 101: Lostry7
Bis auf S. 87 und S. 106 alle: shutterstock.com

ZU DEN AUTORINNEN

Andrea Schwarz, Jahrgang 1955, „Teilzeit-Rentnerin" und Schriftstellerin. Ich wohne im nördlichen Emsland (also kurz vor der Nordsee) und war viele Jahre im pastoralen Dienst tätig, zuletzt im Bistum Osnabrück. 1985 erschien mein erstes Buch „Ich mag Gänseblümchen". Seitdem sind es über 60 Bücher, die ich veröffentlicht habe, das letzte 2020 beim Patmos Verlag: „Leben – was sonst! 365 Entdeckungen", ein Jahreslesebuch mit Impulsen für jeden Tag. Außerdem bin ich mit Kursen und Vorträgen im deutschsprachigen Bereich unterwegs.

Sr. Ulrike Diekmann cps, Jahrgang 1960, als Psychologin, geistliche Begleiterin und Referentin tätig. Ich gehöre zur Kongregation der Missionsschwestern vom Kostbaren Blut, die 1885 in Mariannhill in Südafrika gegründet wurde, wo ich fast 20 Jahre gelebt und gearbeitet habe. Meine tiefste Berufung sehe ich in der Wegbegleitung von Menschen, groß und klein, die sich in schwierigen und schwersten Lebenssituationen befinden. Ob als Schulpsychologin, als Seelsorgerin oder als Therapeutin möchte ich Begegnungen zu möglichen „Heil-Momenten" machen und so Menschen neu zum Leben „anstiften".

Kennengelernt haben wir uns in Südafrika –
und seitdem sind wir gemeinsam auf dem Weg
zu Gott und dem Leben!

VERLAGSGRUPPE PATMOS

PATMOS
ESCHBACH
GRÜNEWALD
THORBECKE
SCHWABEN
VER SACRUM

Die Verlagsgruppe
mit Sinn für das Leben

Für die Verlagsgruppe Patmos ist Nachhaltigkeit ein wichtiger Maßstab ihres Handelns. Wir achten daher auf den Einsatz umweltschonender Ressourcen und Materialien.

Bibelzitate folgen der Einheitsübersetzung der Heiligen Schrift:
Einheitsübersetzung der Heiligen Schrift, vollständig durchgesehene und überarbeitete Ausgabe
© 2016 Katholische Bibelanstalt GmbH, Stuttgart
Alle Rechte vorbehalten

Gesamtgestaltung: Finken & Bumiller, Stuttgart
Umschlagabbildung: ISMAIL10/shutterstock.com
Autorenfoto Andrea Schwarz: © Ulrike Diekmann
Autorenfoto Ulrike Diekmann: © privat
Druck: Finidr, s.r.o., Český Těšín
Hergestellt in Tschechien
ISBN 978-3-8436-1346-0